区块链

农业应用发展报告

◎ 周爱莲　梁晓贺　主编

中国农业科学技术出版社

图书在版编目（CIP）数据

区块链农业应用发展报告 / 周爱莲，梁晓贺主编 .-- 北京：中国农业科学技术出版社，2022.12
ISBN 978 – 7 – 5116 – 6092 – 3

Ⅰ . ①区… Ⅱ . ①周… ②梁… Ⅲ . ①区块链技术 – 应用 – 农业发展 – 研究 – 中国 Ⅳ . ① F323

中国版本图书馆 CIP 数据核字（2022）第 240757 号

责任编辑 费运巧 任玉晶
责任校对 马广洋
责任印制 姜义伟 王思文

出 版 者 中国农业科学技术出版社
北京市中关村南大街 12 号 邮编：100081
电 话 （010） 82106641 （编辑室）
（010） 82109702 （发行部）
（010） 82109702 （读者服务部）
网 址 https://castp.caas.cn
经 销 者 各地新华书店
印 刷 者 北京建宏印刷有限公司
开 本 148 mm×210 mm 1/32
印 张 6.75
字 数 103 千字
版 次 2022 年 12 月第 1 版 2022 年 12 月第 1 次印刷
定 价 50.00 元

编委会

前　言

区块链作为一种新兴信息技术的应用模式，通过深度融合密码学、对等网络、共识算法、智能合约等技术进行集成创新，建立一种数字信任，从而降低沟通成本以及有效提高协同效率，最终实现价值的自由传递。区块链技术是一项革命性的技术，具备去中心化、集体维护、开放透明、不可篡改、可匿名等特性。目前，区块链技术已经在智慧农业、农业大数据、农业物联网、农业金融、农产品质量溯源以及农业产业供应链等多个农业场景中开始应用。

2019 年 10 月 24 日，习近平总书记在主持中共中央政治局第十八次集体学习时强调，“要把区块链作为核心技术自主创新的重要突破口，明确主攻方向，加大投入力度，着力攻克一批关键核心技术，加快推动区块链技术和产业创新发展”；2019 年农业农村部和中共中央网络安全和信息化委员会办公室印发的《数字农业农村发展规划（2019—2025 年）》，提出要“加快推进农业区块链大规模组网、链上链下数据协同等核心技术突破，加强农业区块链标准化研究，推动区块链技术在农业资源监测、质量安全溯源、农村金融保险、透明供应链、精准扶贫等方面的创新应用”。

目前，农业农村发展的一个重要问题源自农产品的供需不平衡，而造成供需不平衡的主要原因是在农业生产、流通、消费三大环节中，生产者和消费者过于分散、弱小，双方无法实现信息对称和价值的自由传递。而区块链技术利用其去中心化、开放透明等特性，恰恰可以解决这个痛点。利用区块链技术连接各农业数字资源要素，建立全程的信用监管体系，从而引发农业生产和食品消费领域革命性升级。

《区块链农业应用发展报告》一书重点聚焦农产品质量溯源、农业物联网、农业供应链管理、农业金融这四大农业场景，全面系统地介绍了四大农业场景的发展现状及局限、区块链技术的契合优势和区块链技术在四大农业场景中的应用发展现状。该书从相关专利技术研发布局、政策颁布差异等方面对标国际区块链应用强国，结合国内区块链农业应用的典型案例，提出了我国区块链农业应用发展的建议，为有关部门和单位开展区块链农业应用顶层设计、研发布局、创新管理等提供参考。

中国工程院　院士

国家农业信息化工程技术研究中心　主任　赵春江

2022 年 12 月

目　录

1 区块链发展概述

1.1 区块链的概念

区块链（blockchain）是一种将数据区块有序连接，并以密码学方式保证其不可被篡改、不可被伪造的分布式账本（数据库）技术。通俗地说，区块链技术可以在无须第三方背书的情况下实现系统中所有数据信息公开透明、不可篡改、不可伪造、可追溯。区块链作为一种底层协议或技术方案可以有效地解决信任问题，实现价值的自由传递，在数字货币、金融资产交易结算、数字政务、存证防伪、数据服务等领域具有广阔前景。

区块链有不同的类型，根据开放程度可以分为公有链、联盟链和私有链（表1–1）。公有链是一种完全去中心化的结构，所有节点都能自由进出网络，并参与链上数据的读写、验证和共识过程，其应用最为普遍。联盟链是一种部分去中心化的结构，预选节点授权后各个节点才能进出网络（刘如意等，2020），共识过程受预选节点控制。私有链则是一种完全中心化的结构，中心组织管控读写权限，应用场景常见于企业等组织机构的内部。

表 1–1　区块链 3 种类型的区别

类别	内部结构	开放对象	主要特点	代表案例
公有链	完全去中心化	所有人	开放性最强 数据公开透明 可信度高，安全性好 速度慢，效率低	比特币区块链
联盟链	部分去中心化	被授权的实体	权限受限，可信度高 内部监管严 交易速度快	R3 联盟
私有链	完全中心化	特定组织内部	无须处理访问权限问题，隐私性最好 无须所有节点认证，交易速度快 交易成本低	蚂蚁金服

1.2 区块链的发展历程

1.2.1 区块链思想产生阶段

1976—1998 年是区块链思想的产生阶段，为区块链的诞生奠定了技术基础和思想基础（哈耶克，2007）。其启蒙历程如图 1-1 所示。

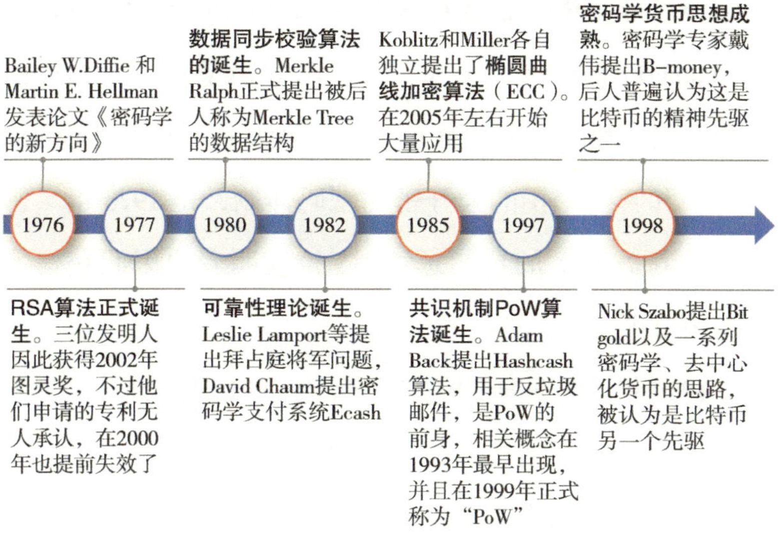

图 1-1　区块链技术启蒙发展历程

1976 年，区块链史前时代元年。Bailey W.Diffie 和 Martin E. Hellman 两位密码学大师发表了一篇题为《密码学的新方向》的论文，论文覆盖了未来几十年密码学的研究前景，包括非对称加密、椭圆曲线算法、哈希算法等，奠定了整个密码学的发展方向，也对区块链技术和比特币的诞生起到了决定性作用。

同年，经济学家 Hayek 发表了题为《货币的非国家化》的专著，他提出了非主权货币、竞争发行货币等理念，为日后去中心化思想的出现奠定了基础。因此，从某种意义上来说，1976 年被称为区块链史前时代的元年。

1977 年，RSA 加密算法诞生。Ron Rivest、Adi Shamir 和 Leonard Adleman 三个人一起提出 RSA 算法，该名称由三个发明人姓氏首字母命名。RSA 算法是一种使用不同加密密钥和解密密钥的公开密钥密码体制，是 1976 年《密码学的新方向》的自然延续，3 位发明者也因此获得了 2002 年的图灵奖。

1980 年，数据同步校验算法诞生。Merkle Ralph 提出了 Merkle Tree 数据结构和相应的算法，后来主要用于分布式网络中数据同步正确性的校验，这也是比特币区块链系统中区块同步校验的重要手段。

1982 年，可靠性理论诞生。Leslie Lamport 提出拜占庭将军问题，标志着分布式计算的可靠性理论和实践进入了实质性阶段。同年，David Chaum 提出了密码学支付系统 Ecash，人们开始尝试将密码学运用到货币支付等领域。

1985 年，著名的椭圆曲线加密算法（Elliptic Curve Cryptography, ECC）诞生。Koblitz 和 Miller 各自独立提出了著名的椭圆曲线加密算法。由于此前发明的 RSA 算法计算量过大很难实用，ECC 的提出才真正使得非对称加密体系产生了实用的可能。

1997 年，工作量证明共识机制（Poof of Work, PoW）诞生。1997 年英国密码学家 Adam Back 发明了哈希现金（Hashcash），使用 PoW 机制解决互联网垃圾信息问题，后来 PoW 机制成为比特币的核心要素之一。

1998 年，密码学货币思想成熟。戴伟、Nick Szabo 同时提出密码学货币的概念。其中，戴伟的 B–Money 被称为比特币的精神先驱。至此，现代密码学的理论和技术基础已经完全确立了。

1.2.2 区块链技术基础高速发展阶段

1999—2007 年是区块链技术基础高速发展阶段，其发展历程如图 1–2 所示。

1999—2001 年，点对点分布式网络诞生。这三年时间内，Napster、eDonkey 2000 和 Bit Torrent 先后被提出，奠定了 P2P（Peer–to–Peer）网络计算的基础。

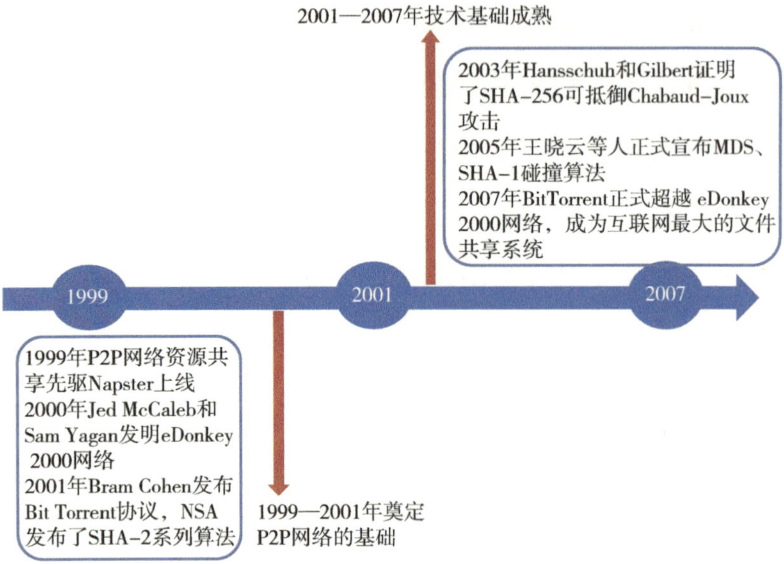

图 1-2　区块链技术基础高速发展历程

2001—2007 年，所有技术基础成熟。2001 年，美国国家安全局（National Security Agency, NSA）研发了 SHA-2 系列算法，其中就包括目前应用最广的 SHA-256 算法，这也是比特币最终采用的哈希算法。截至 2007 年，区块链前期的奠基工作已完成。

1.2.3　区块链诞生及发展阶段

区块链在经历了技术起源阶段后，正式步入了旨在实现功能的发展时期（张国钧等，2020），这一时期又被分为区块链 1.0、区块链 2.0、区块链 3.0 这 3 个阶段（图 1-3）。

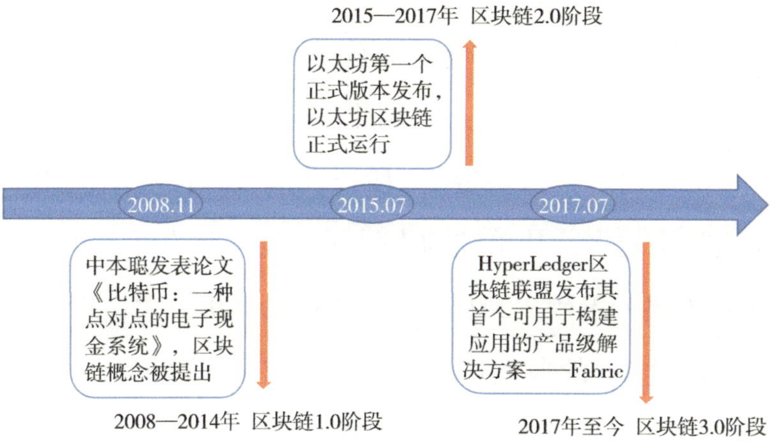

图 1–3　区块链发展的 3 个阶段

2008—2014 年，区块链 1.0 阶段。2008 年，中本聪发表了著名的论文《比特币：一种点对点的电子现金系统》，标志着区块链的诞生。区块链 1.0 阶段是前期积累阶段（上海产业技术研究院，2018），是以比特币为代表的数字货币阶段，区块链技术与应用都刚刚起步，应用场景较为单一，主要围绕数字化支付相关的数字货币应用（周茂君等，2019）。其最重要的影响在于改变了金融市场，构建了新型货币体系。

2015—2017 年，区块链 2.0 阶段。区块链 2.0 阶段以智能合约的开发与应用为代表，也称为可编程金融阶段。区块链 2.0 系统由数据层、网络层、共识层、激励层、智能合约层5个部分自下而上依次组成（李赫等，2017），与后来出现的区块链3.0系统不同的是，由于此时区块链应用还未扩展到整个社会，因此系统中没有应用层。

除此之外，区块链2.0阶段在泛金融范畴的应用场景也越来越多，从单纯的支付环节向后端的资产和信用领域拓展（王硕，2016），应用范围不断扩大。以太坊是区块链2.0的典型代表，本质是数字代币平台（董宁等，2017），具有很高的通用性，是一个广受欢迎的区块链开发平台，有利于编辑比较完整的智能合约，还具备建立交易信用证明等功能。因此，在这个开发平台上，区块链技术的研发人员可以更加便利地开发符合个人需求的应用。与区块链1.0阶段相比，区块链2.0阶段是扩张和发展期，技术应用得到了极大的突破和发展，优越性主要体现在功能和应用范围扩展、交易速度提高以及隐私安全得到保护等方面（李赫等，2017）。

2017年至今，区块链3.0阶段。区块链3.0阶段是应用落地阶段，虽然前期区块链的应用数量在短期内激增，但真正能切实解决问题的却寥寥无几。这一阶段的主要任务是克服技术难关，解决实际问题，实现算法更佳、治理机制更优越、安全稳定性更好的共识，推动以太坊应用规模的扩展，告别过去小规模的商业应用模式，向大规模商业应用的方向发展。随着区块链技术的发展成熟，区块链技术可以被运用到任何有相应需求的领域，进而扩展到整个社会，推动全社会走向“区块链+”的时代，实现可编程社会的最终目标。这一时期，区块链技术的应用逐渐渗透到政府公共服务领域，如物流、教育、审计、医疗等，远远超出了金融业的范围，在社会治理领域的多个行业中得到重视和应用。

1.3 区块链核心技术

1.3.1 密码学技术

密码学是研究编制密码和破译密码、保证信息数据安全的技术科学。密码学是区块链的基础，在区块链网络中，信息的存储和传播是在加密技术实现互信的基础上完成的。区块链不可篡改、去中心化等特征都与加密算法紧密相关。哈希算法、非对称加密、对称加密算法是区块链中常见的加密算法（王化群等，2017）。

（1）哈希函数

哈希函数是一个公开函数，该函数可以将任意长度的输入数据映射到固定长度的输出数据。哈希函数在区块链中生成各种数据的摘要，当比较两个数据是否相等时只需要比较他们的摘要就可以，以此实现区块链快速验证功能。此外，区块链在传递数据时，收到数据一方通过哈希函数将数据重新生成的摘要，并与传递摘要进行比对即可验证数据是否被篡改，以此实现区块链防篡改功能。

（2）Merkle 树

Merkle 树思想是由著名密码学家 Merkle Ralph 提出并以其名字命名，用于解决多重一次签名中的认证问题。从结构来看，Merkle 树是一种哈希二叉树，由二叉树和多叉树组成，近似于树形结构。该数据结构在认证方面优势突出，通过部分哈希值就能校验整个文件的完整性，因而在信息安全等诸多领域得到了广泛应用。

（3）数字加密技术

区块链技术要想得到深层开发和广泛应用，离不开数字加密技术的帮助，这项技术是保证区块链数据安全的关键，是区块链实现不可篡改功能的技术基础。加密算法可以分为对称加密算法和非对称加密算法，前者使用相同算法加密和解密密钥，后者则使用不同算法加密和解密密钥。区块链主要应用后一种算法，在加密和解密过程中使用两个非对称的密码，分别称作公钥和私钥。非对称密钥有两个重要特点：一是用其中一个密钥加密信息后，只有另一个对应的密钥才能解开，即公、私钥是一一对应的关系，缺一不可；二是公钥具有公开性，可向其他人公开，私钥具有保密性，不对外公开，外部人士即使拥有公钥也不能推算出相应的私钥，因此可以保障数据安全不泄露。

1.3.2 P2P 网络

P2P 网络是区块链系统连接各对等节点、实现节点间信息交流的组网技术。最重要的特点是非中心化，是区块链实现去中心化运行的技术基础（曾诗钦等，2020）。在 P2P 网络中，不存在中心化的服务器，各节点地位平等、自由地进行信息交流，权力被交还给了用户。在 P2P 结构中，每个节点既是服务端也是客户端，既提供信息也享用信息，服务节点的减少使得沟通更容易、共享和交互更直接、网络的安全性更高。P2P 网络通常分为分布式 P2P 网络模式、中心化 P2P 网络模式和混合式 P2P 网络模式。

（1）分布式 P2P 网络模式

分布式 P2P 网络模式没有中心服务器，各节点权限相同。这种模式的优点在于节点间可直接交互，系统运行效率高，缺点在于没有中心服务器扮演管理者角色，网络安全不易维护。

（2）中心化 P2P 网络模式

中心化 P2P 网络模式有 1 个中心服务器，节点间通过中心服务器建立连接。与没有中心服务器的分布式 P2P 网络模式相比，中心化 P2P 网络的优点在于管理和维护难度低、网络的安全性更高，缺点是中心服务器增加了网络负载。

（3）混合式 P2P 网络模式

混合式 P2P 网络模式是在以上两个模式的基础上衍生而来的，结合了两种模式的优点。在混合式 P2P 网络中，有多个中心服务器扮演管理者角色，易于管理和维护网络，降低了只有 1 个中心服务器导致的网络负载过重的风险，也避免了因某个服务器出问题导致系统不能正常运行的可能。

1.3.3 共识机制

共识机制指的是定义共识过程的算法、协议和规则，是区块链技术的重要组件，是区块链能够以去中心化的结构运行的关键。共识机制的工作原理在于选取一些无利益关系的节点对某笔交易展开投票，这些节点如果达成共识则可以认为在全网达成了普遍共识，在短时间内完成了对交易的验证和确认（韩璇等，2017）。在区块链中，链上的参与者共同制定共识机制，同时为数据的一致性与完整性提供保障，无须中心机构管理，系统运行的效率大大提高。

目前公有链常见的共识机制有：PoW 工作量证明机制（Proof of Work）、PoS 权益证明机制（Proof of Stake）、DPoS 委托权益证明机制（Delegated Proof of Stake）、PBFT 实用拜占庭容错机制（Practical Byzantine Fault Tolerance）等。在共识机制中，PoW、PoS、DPoS 分别代表区块链网络的 3 种主要记账规则，直接关系到记账权和相关收益的分配，以下逐一介绍这 3 种主要的共识机制。

（1）PoW

工作量证明机制要求证明工作量，以工作量来衡量贡献值，由此确定记账权与奖励，有了证明才能生成加入到区块链中的一个新区块，新区块中是一笔新交易的信息。其主要优势在于完全去中心化，减少了建立和运营中心化管理机构的支出；只有攻击算力达到 51% 及以上才能破坏系统，被攻击成功的可能性小，提高了数据的安全性；所有节点都可以参与并自由进出，提高了区块链的运行效率。主要缺点是必须先确认后共识，依靠数学运算进行，过程中需要耗费大量的算力，造成能源浪费，并且交易吞吐量有限，确认时间长。

（2）PoS

不同于要求证明工作量的工作量证明机制，权益证明机制要求证明人提供一定数量加密货币的所有权。权益证明机制近似于一种股权制度，节点具有的货币资产具备权益属性，当一个节点中的资产越多，可以认为持同意意见的股权用户数越多，签名下一个区块的可能性就越大，直到过半数同意。与工作量证明机制相比，其优势在于运算速度更快、安全性能更好。

（3）DPoS

权益证明机制是在工作量证明机制的基础上进行了优化改进，而委托权益证明机制则是在权益证明机制基础上衍生而来的，并试图解决传统的工作量证明机制和权益证明机制存在的问题。其主要优势在于通过节点的共同监督保证了区块链中数据的真实性和有效性，通过科技式的民主抵消中心化所带来的负面效应，实现实时的民主；此外，参与验证和记账节点数量减少，交易速度大幅提高，能够实现秒级的共识验证。劣势在于区块链的去中心化依赖于一定数量的代表节点，而非全体节点。

1.3.4 智能合约

“智能合约”（Smart Contract）这一术语最早出现是在 1995 年，由跨领域的法律学者 Nick Szabo 提出。智能合约是以信息化的方式传播、验证和执行的一种计算机协议，其可应用的场景非常广泛，常见的应用场景包括金融、供应链管理、支付等（叶小榕等，2017）。

从定义的角度来看，区块链上的智能合约可理解为一段部署在链上的程序，当某个事件触发合约中的某项条款，该程序即可自动运行。事实上，智能合约自身有技术缺陷，并不具备能够支持可编程合约的数字系统和技术，区块链技术的出现攻克了这一难题。从二者的关系来看，智能合约是价值基础，是区块链技术和其赋能产业能够长足发展的必要条件，而区块链技术是保障，智能合约以数字化的形式被写入区块链中，由区块链技术的特性来保障链上数据的存储、读取、执行的全过程公开透明可追溯。因此，区块链与智能合约相辅相成、相互协作，发挥出了 1+1>2 的作用。从智能合约的内部结构来看，合约模型如图 1–4 所示。

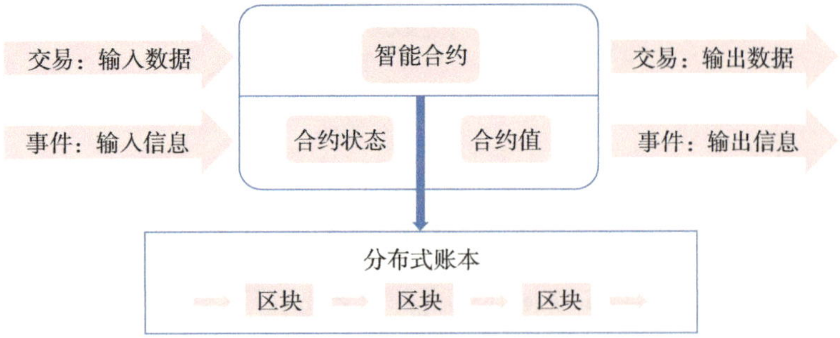

图 1–4　智能合约模型图

1.4　区块链应用

区块链作为一种底层协议或技术方案可以有效地解决信任问题，实现价值的自由传递，参考国家互联网信息办公室（以下简称中央网信办）对区块链应用领域的划分方法，本部分将从数字货币、金融资产、存证防伪、数字政务和数据服务这 5 个方面介绍区块链的应用情况，具体见附表 1。

1.4.1　数字货币

区块链是数字货币的底层技术，也是其最重要的技术手段。相比实体货币，数字货币具有易携带易存储、流通成本低、使用便利、易于防伪和管理、打破地域限制、更好整合等特点。

2008 年，中本聪阐述了基于区块链技术的电子现金系统构架理论，相较于传统银行汇款、转账等方式，基于区块链的数字货币交易不需要第三方担保，无须支付高额服务费，交易成本较低。基于区块链的去中心化特点，数字货币无须清算中心等机构处理数据，交易更加快速便捷。此外，数字货币具有高度匿名性，相较于其他电子支付方式，数字货币利用区块链点对点交易特性，确保交易双方可在任何情况下完成无须第三方担保的交易，从而保护交易者隐私。国外多数初创公司在比特币基础上进行应用拓展，我国中央银行（中国人民银行，简称央行）采用 DC/EP 双层运营体系，央行不直接向社会公众发放数字货币，而是由央行把数字货币兑付给各个商业银行或其他合法运营机构，再由这些机构兑换给社会公众供其使用。

1.4.2 金融资产

在金融领域中区块链主要应用于数字资产交易、融资、保险、证券、绿色金融等方面。

众所周知，信任是金融业的基础，而区块链技术的加密认证、去中心化、共识机制特征能够让参与者在无须担保的情况下互相信任，通过统一账本系统保证资金安全，这对金融机构来说意义重大。利用区块链去中心化特征，参与者共同维护同一“账本”，降低了金融交易的复杂性，提高了金融结算效率。区块链透明化特性使得参与者可验证账本内容的完整性与真实性，区块链不可篡改性可保证数据的可靠，同时提高了金融可追责性，有效降低金融信任风险。金融机构因业务众多，资金交易、资金核算、货币汇算等成本较高，而区块链技术能实现金融服务流程自动化，减少交互，大大节省人力物力，降低金融经营成本。此外，区块链的可追溯特性能满足监管要求，交易数据一旦上链将被永久保存，交易双方可实时追踪和查询，便于监管与审计。

1.4.3 存证防伪

区块链通过哈希时间戳证明某个文件或者数字内容在特定时间的存在，加之其公开、不可篡改、可溯源等特性为司法存证、版权保护、商业存证、追溯防伪等提供了完美解决方案。

区块链本质为一种分布式的数据存储技术，具有不可篡改特性，与传统公证存证、第三方存证等形式相比具有防篡改、防丢失、防损坏等特点。区块链存证防伪应用分为司法存证、商业存证、版权保护和追溯防伪 4 个领域。司法存证是加入了法院或检察院作为其中节点的区块链存证系统；商业存证是一些企业推出的可存证、取证、公证的区块链系统；版权保护是针对知识产权、互联网作品版权保护建立的区块链系统；追溯防伪是为追溯产品流程、保证产品真实可靠建立的区块链系统。

1.4.4 数字政务

区块链的分布式技术可以让政府部门集中到一个链上，大大提高政务效率。

党建、电子授权、公共监管、电子证照、便民服务、社会福利、追踪善款、电子发票、精准扶贫等政务流程复杂，人工、时间成本较大，根据政务服务建设情况利用区块链技术实现数据自动流转，可有效降低办事成本。利用区块链密码学与共识机制可实现数据确权、数据授权、清晰权责等，有效完成电子授权、电子证照、电子发票等政务。区块链技术的智能合约技术能自动化执行预定规则，将数据按部门契约自动处理，简化了办事流程。同时，区块链分布式存储、去中心化特性，使得每个节点记录均为完整账目，有利于公共监管，可实现数据信息公开透明。

1.4.5 数据服务

区块链技术将大大优化现有的大数据应用，在数据流通和共享上发挥巨大作用。

近年来大数据技术得到了广泛应用，然而数据共享却受多种因素影响，无法有效流通，阻碍了大数据高效利用。区块链技术去中心化和分布式存储特点使得数据具有不可篡改、可追溯等特点，基于区块链建立的联盟链可构建信息体系，创建大数据网络，有效提高数据共享效率，从而拓展了大数据收集渠道，加快了信息系统建设。目前，为加快数据转型，许多国家正创新性地开发区块链大数据服务试点。此外，区块链分布式存储和不可篡改技术，能杜绝数据篡改伪造等行为，保证了数据的真实有效性，这将成为大数据、深度学习等技术的基础。针对当前的区块链发展阶段，为了满足一般商业用户区块链开发和应用需求，众多传统云服务商开始部署自己的“区块链即服务”（Blockchain as a Service，BaaS）解决方案，如蚂蚁链 BaaS 平台、腾讯云 TBaaS 平台、百度超级链 BaaS 等。国外互联网巨头公司也进行了部署，如微软 Aruze BaaS 平台、亚马逊 AWS BaaS 平台、IBM BaaS 平台、甲骨文 OPB BaaS 平台、思爱普

SAP BaaS 平台等。

区块链因其具有隐私保护、去中心化存储、效率高等优点，具有广阔的应用价值。区块链技术经过多年的发展，已经逐渐转型为超级商业载体，正悄然走进医疗、农业、交通、物流等领域。区块链技术的完善与大规模落地，将给社会发展带来巨大变革，有望重构传统的行为模式、思维模式、经营模式、管理模式和社会运行模式等。

中国、英国、德国、美国等都将区块链视为国家战略。2020 年，区块链技术登上中央一号文件，文件提出在农业领域加快落实区块链技术的应用，利用区块链推进乡村振兴，这同样说明了区块链在服务乡村振兴方面所蕴含的巨大发展潜力。随着区块链与农业日渐融合，区块链成功应用于农产品质量溯源、农业物联网、农业供应链管理和农业金融等场景，在促进技术革新、发展数字农业、助力数据治理等方面发挥了显著作用。

2

区块链在农业领域的主要应用场景

目前，农业发展面临着农业信息不对称、农产品供求失衡、农业生产经营主体互联互通困难等问题，这将阻碍农业的长期健康发展，而区块链利用其分布式存储、去中心化、可溯源、不可篡改等特点，建立一种数字信任，让信息更透明，消除信息不对称，有效改善农业发展问题。

区块链与农业的契合度较高。区块链结合人工智能、物联网等技术将从根本上重塑农业发展，区块链的应用将为农业产业贴上“来源可靠”“过程透明”“数据可信”的标签。随着该技术的不断成熟，区块链在农产品质量溯源、农业物联网、农业供应链管理、农业金融等应用场景发挥了显著作用。

2.1 农产品质量溯源

2.1.1 背景与意义

农产品安全问题一直是全球关注的焦点，农产品安全问题在危害人类健康的同时还会带来一系列社会问题。

美国、英国等发达国家虽然一直严格管控粮食安全，但食品安全事件仍然时有发生。美国2007年发生“沙门氏菌”事件、2010年发生鸡蛋召回事件、2015年出现李斯特菌事件等。英国食品调查局在2008年调查显示，英国65%的超市所售鲜鸡肉携带弯曲杆菌。

我国食品安全也存在诸多问题，如2005年的“苏丹红”添加剂事件、2008年的“三鹿奶粉”事件等。食品安全一直以来都是我国重大的民生问题，得到了政府各部门高度重视，怎样化解农业领域的食品安全危机、确保人民群众的饮食健康是我国亟须解决的民生焦点问题。

农药的过量使用、消费者食品安全知识的欠缺、监管不到位等均会导致农产品安全事件发生。为何农产品质量问题频发？从农作物种植环节来看，农家肥的使用量不断下降，化肥与农药的使用量不断上涨，农药滥用严重破坏农作物生长环境。随着工业的发展，工业废气废料不断排放，有毒有害物质排入河道，进入土壤与水源，粮食、禽畜产品、水产品等农产品质量受到严重影响。从农业生产环节来看，很多农业生产经营主体仍在沿用小农生产经济模式，其农业设备落后，质量得不到保障，有些农业加工企业未按工艺要求操作，添加过量食品添加剂或者引进安全系数不达标的新技术与新工艺，这些均有可能引发食品的质量安全问题。从销售环节来看，超市等销售场所大多是从批发市场购进农产品，尽管有监管部门对其进行管理，但不乏采购人员的腐败行为发生，致使很多有问题的农产品进入超市。从消费环节来看，许多消费者缺乏基本的食品安全知识、识假能力、维权意识和维权知识，过于注重价格和外观而忽视农产品品质。从监管环节来看，监管工作与保障体系不到位、相关法律不健全、各部门之间职责划分不清等均导致我国农产品安全问题久治不愈。

世界各国都制定了一系列措施以加强食品安全管理。1962 年，联合国粮食及农业组织（Food and Agriculture Organization of the United Nations, FAO）和世界卫生组织（World Health Organization, WHO）颁布了食品法典，以统一的形式提出并汇集了国际上已采用的全部食品标准，包括所有向消费者销售的加工、半加工食品或食品原料的标准，其目的是在国际食品和农产品贸易中给消费者提供更高水平的保护，并促进更公平的交易活动。美国是食品安全体系研究和应用最领先的国家，现在在世界范围内广泛应用的 HACCP（Hazard Analysis and Critical Control Point）、ISO（International Organization for Standardization）、GMP（Good Manufacturing Practice of Medical Products）等体系均来自美国。为了更好地保障食品安全，美国政府还成立了食品安全监管机构——食品药品监督管理局（Food and Drug Administration, FDA），并于 2011 年发布了新的联邦食品安全法律——《FDA 食品安全现代化法案》。英国建设了完备的食品安全监管机制及健全的法律体系，目前食品监管方面最重要的法律是 1990 年颁布的《食品安全法》，此外，英国设有隶属中央政府的专职机构——食品标准署，严格执行食品追溯和召回制度。

我国同样采取了一系列措施来提升食品安全。2004 年 9 月，发布《国务院关于进一步加强食品安全工作的决定》，指出“要建立统一规范的农产品质量安全标准体系，建立农产品质量安全例行监测制度和农产品质量安全追溯制度”。2009 年开始实施《中华人民共和国食品安全法》，2010 年成立国务院食品安全委员会，2017 年发布《“十三五”国家食品安全规划》，2019 年发布《中共中央 国务院关于深化改革加强食品安全工作的意见》等，这一系列的政策反映了我国政府对食品安全问题的高度重视。

通过梳理各国在食品安全监管方面采取的措施可以发现，农产品质量溯源是各国公认的保障农产品质量安全的重要措施。农产品质量溯源系统可实现对农产品生产、加工、运输、批发、零售等全产业链环节的追踪，有助于确保农产品质量安全、防止假冒伪劣农产品流通、增强消费者对农产品的信任。因此，建立农产品溯源系统成为了解决食品质量安全问题的关键点。

2.1.2　农产品质量溯源系统发展现状与局限

欧盟最早制定农产品追溯系统，我国也相继推出了溯源方案。20 世纪 70 年代，欧洲暴发严重的疯牛病，农产品质量安全溯源体系的建立由此起源（刘秀萍等，2010），最初追溯的产品主要是牛羊肉等畜牧业农产品。

2000 年，欧洲再次暴发疯牛病危机，欧盟率先制定了农产品追溯系统，这也是最早的农产品追溯系统。2002 年，欧盟编制的《食品安全法》正式生效，强制要求与食品、饲料经营相关的企业必须实施追溯制度，明确所有相关人员的责任，确保从生产地到餐桌全程可追溯。澳大利亚于 2001 年建立了全国性的牲畜认证系统（王海，2005），追踪牛从出生到死亡的全过程，此外，还实施了澳大利亚肉类标准，强化了对供应链中间环节的监督。日本从 2001 年开始推行“食品可追溯制度”，大部分超市都安装了产品溯源终端，基本实现了食品领域零售业务的可追溯。2002 年，美国国会出台《生物反恐法案》，农产品质量安全可追溯制度的建设由此起步（李炜，2012）。

在我国，农业部于 2004 年率先在北京市和河北省开始了溯源系统的试点，实施了“进京蔬菜产品质量追溯制度试点项目”（陈杰等，2018），北京市的一些大型超市在此基础上开始了蔬菜产品质量追溯系统的试点工作。此后，其他省市也相继开始了农产品追溯系统的试点工作。2015 年，国务院办公厅发布《关于加快推进重要产品追溯体系建设的意见》，提出“推进食用农产品追溯体系建设。建立食用农产品质量安全全程追溯协作机制，以责任主体和流向管理为核心、以追溯码为载体，推动追溯管理与市场准入相衔接，实现食用农产品‘从农田到餐桌’全过程追溯管理。”

农产品溯源系统建设是解决农产品质量安全问题的有力措施。我国农产品质量溯源过程具有“点多、线长、面广”的特点（刘晓云等，2018），给传统农产品质量溯源系统带来了一系列痛点问题。首先，传统溯源系统采用中心数据库进行信息存储，存在人为篡改的可能，使得溯源信息真实性得不到保证（张海涛等，2008）。其次，传统数据库不同主体节点之间存在信息壁垒，各主体掌握的信息不对称且缺乏有效的协同机制，严重影响了溯源效率，一旦发生农产品质量安全事件，需从每个环节逐步进行溯源，过程较为烦琐，无法快速定位责任主体。最后，传统溯源系统各环节分散、碎片化严重，极大地增加了农业产业溯源的成本，打击了农业经销商建立农产品质量安全溯源系统的积极性。

2.1.3 区块链在农产品质量安全溯源中的应用优势

区块链作为一种分布式账本技术，在解决溯源系统可信度低、链条不完整、信息孤岛等问题上具有先天技术优势（Zhao et al., 2019），融合了区块链技术的溯源系统在数据的录入、存储、保护、查询等方面比传统的溯源系统更加可靠和安全（表 2–1）。以区块链技术为基础的追溯系统与传统追溯系统相比，前端的数据采集工作

表 2–1 传统溯源与区块链溯源的比较

区别	传统溯源	区块链溯源
前端	利用各种网络传感器、信息采集终端等设备完成数据的采集工作	与传统溯源差别不大
后端	根据商家制作的防伪码进行溯源，但这种防伪标识是商家用提前编辑的数据做成的，容易被大规模仿制	区块链为溯源业务提供了新工具，消费者可以通过农产品上的 RFID 芯片、二维码、条形码等，查询农产品的生产地、采摘时间、用药用肥情况、存储运输信息等
信息不可篡改	中心化的存储模式，数据易被篡改	数字化的方式录入，减少人工参与，保护数据不被篡改
安全性	中心化的存储模式，数据易受攻击	去中心化的存储模式，任何一个节点被破坏都不会影响整个系统的正常运转
透明度	只有结果，不展示过程，数据不够透明真实	数据从录入、修改到最终确定，全程都会被自动记录，保障了数据的高度透明、真实
自治性	高度依赖中心机构，自治性差	采用基于共识机制创造的算法，“人”对机器产生信任，去除了人为因素的干扰，高度自治

差别不大，主要区别在后端。后端的区别在于，区块链技术采用密码学算法保证存储数据的不可篡改。采用分布式技术将数据分布存储在多个节点上，提高了数据安全性。采用时间戳技术准确地记录每个区块的数据和交易记录的发生时间，有效实现了数据的公开透明。采用共识机制，区块链网络中的节点可以自主地验证交易记录，并达成共识，实现溯源系统的高度自治性。总之，基于区块链的农产品质量安全溯源系统打通了信息壁垒，改善了系统的不足，保障了数据的稳定、安全、透明，方便对数据及时掌握，改良技术的同时还提供了让各方信息数据进行互动的网络平台。

目前基于区块链的农产品质量安全追溯体系研究方向主要围绕技术创新、服务性能优化两方面。在技术创新方面，Mohamed 等（2021）开发了一种智能合约模型，并与物联网技术相结合进行信息溯源，创新了农产品溯源模式；葛艳等（2021）应用区块链构建基于危险分析及关键控制点的质量溯源模型，使用质量控制的有效关键数据作为溯源数据，利用区块链中交易的不可篡改性，保证了质量溯源数据的可信度。在服务性能优化方面，江雪（2022）结合区块链与农产品流通的耦合性分析，构建了基于区块链技术的农产品流通应用模型，从数据层、网络层、共识层、激励层、合约层和应用层分别分析了农产品流通的系统应用，实现了农产品流通全程可溯源，提高了流通效率，降低了运营成本；杨萌（2021）利用5G网络，在全面提升服务器与用户端之间信息传输速率基础上，结合区块链技术构建富硒茶质量安全高效追溯体系，解决了传统质量安全溯源体系存在的信息易被篡改、识别信息传输效率低等问题；潘虹（2020）针对滁菊种植、加工、储运和销售全过程各个环节的业务流程和信息传递，设计了融合物联网技术和区块链技术的滁菊质量安全追溯系统方案，实现对滁州特色农产品的自动识别与处理以及信息交换与共享。

2.1.4 区块链在农产品溯源中的应用现状

农产品质量溯源是区块链在农业领域中应用较多的一个应用场景。美国、日本、韩国等区块链发展强国都推出了一系列应用产品。

美国已经推出了一些较为成熟的区块链农产品溯源平台。较为知名的有国际商业机器公司（International Business Machines Corporation, IBM）于2018年10月开发的基于区块链技术的溯源解决方案——IBM Food Trust，这是一个专门为食品行业设计的区块链平台，业务层集成了食品安全、食品认证等多个模块，可以为零售商、消费者、种植者和各个供应链参与方提供整个食品生态系统的可追溯信息，同时还可以兼顾顾客利益、厂商隐私与追踪效率。目前 IBM Food Trust 已经吸引包括家乐福、沃尔玛、雀巢、艾伯森等近百个品牌加入，追踪货品超过 50 万件，溯源品种涵盖了谷物制品、蛋奶制品、肉制品等多种类食品。此外，美国农产品相关协会等也非常看重区块链在农产品溯源中的应用。例如，美国奶农协会（Dairy Farmers of America，DFA）与美国猪肉生产者协会（The National Pork Producers Council, NPPC）等都分别与食品区块链公司 Ripe.io 建立合作关系，旨在提高乳制品、畜牧产品的透明度，确保食品安全，促进品牌价值提升。

农产品溯源是日本农业与区块链融合得较为成功的路径。2018 年，日本宫崎县绫町与电通国际信息服务株式会社（Information Services International-Dentsu，ISID）展开合作，在该町辖区内利用区块链技术进行有机蔬菜品质溯源测试。通过区块链技术，顾客可以查询农产品的生产数据，确认农产品品质，增加农产品附加价值。2020 年 1 月 7 日，ISID 发布智能农业可追溯平台 SMAGt（Smart Agriculture Traceability），该平台使用区块链技术记录农产品的生产历史、运输和销售信息，以防止食品欺诈行为发生（潘虹，2020）。

英国是利用区块链进行农产品追溯的先行者。英国区块链初创公司 Provenances 是区块链技术在农产品追溯应用的先驱者，该公司运用“区块链＋物联网”技术为电商企业提供溯源解决方案，通过公开每一个销售环节上的供应链信息，使品牌商能够追踪产品的起源和历史，并保证商品生产日期及溯源数据的真实可靠，帮助消费者对商品做出明智的选择。

韩国鼓励在农业和食品分销领域使用区块链技术。2018 年 7 月，韩国食品和畜牧业促进中心宣布与公共区块链网络沃尔顿链（Waltonchain, WTC）的开发公司合作，以鼓励在农业和食品分销领域使用区块链技术。WTC 是一个底层商业生态公有链，其开发团队由韩国和中国专家组成，主要技术亮点是将区块链技术引入物联网，解决物联网发展过程所面临的中心化问题。区块链基于密码学技术，凭借分布式点对点网络，实现有序交易记录的永久性存储、不可删除、不可篡改和可溯源，完美解决互联网的信任问题。韩国农业科技公司EzFarm将农业与IT技术相结合，提供智慧农场、农场生产管理、农产品直销配送等平台服务，已在韩国获得多项区块链技术专利。LG集团的电信子公司LG U+和IT服务子公司LG CNS联手创建了“智能农场”展示平台，该平台由区块链驱动，用于食品和农业追溯。

农产品溯源是我国最早的农业与区块链技术相结合的应用场景。2017年12月，中国与美国沃尔玛百货有限公司（以下简称沃尔玛）合作，共同成立中国首个安全食品区块链溯源联盟，打造基于区块链技术的食品安全可追溯平台，平台覆盖鲜肉、蔬菜、海鲜等多种品类。2018年6月，全球首家专注打造溯源公链的北京诚品溯源科技有限公司正式发行TAC（Traceability Chain）溯源链平台，多家实体公司与其合作并推出溯源服务，阳澄湖大闸蟹、新西兰奶粉等纷纷上链。2018年7月，北京太一云科技有限公司与中国食品工业（集团）有限公司、中华思源工程基金会等多家食品信息追溯机构共同建立中国食品链，包含食品防伪溯源、产地直供服务、生态信用网络等多种功能，目前，该平台已完成对赣南脐橙、新疆大枣、五常大米、青海野生黑枸杞、安华黑茶等产品信息的上链追溯。2019年，中证瑞通（上海）科技有限公司与中绿农农业集团有限公司就“区块链+农业溯源”项目达成共识，共同打造国内首个农业溯源区块链BaaS平台，将农产品的种植、收获、存储、出售等全生命周期数据上链，实现农作物供应链的可信追溯、农业资源的精准管理以及农作物质量的可靠监控。2019年6月，沃尔玛在普华永道管理咨询（上海）有限公司和唯链（全球领先的企业友好型区块链公共平台）技术支持下打造基于区块链技术的食品安全可追溯平台，截至6月25日已有23种商品完成测试并进入平台。近两年，科研单位也陆续发布了自主研发的区块链溯源服务平台。2021年江苏省农业科学院自主研发了基于区块链技术的“农产品质量安全深度溯源系统”，该系统已在华西都市农业示范园、宁夏盐池滩羊产业发展集团有限公司、海安市南莫镇食用菌产业园等多地成功投入使用。

我国各地方政府为发展当地特色农产品、提高农产品质量、提升品牌形象，积极鼓励区块链技术企业搭建基于区块链技术的农产品质量安全溯源平台。目前上链的农产品品类较多，涉及了食用菌类、果品类、粮食类、茶叶类、禽畜类、水产品类和酒品类等。

在食用菌类中，云南省政府联合顺丰控股股份有限公司（以下简称顺丰）与第三方质检机构共同建立区块链溯源联盟链，实现对云南松茸等农产品的原产地溯源。

在果品类中，砀山县政府联合蚂蚁链共同建立农产品全程追溯体系，为砀山酥梨等优质农产品解决追溯问题，提供品牌保障；此外，赣南市人民政府、赣南市果业局、赣南市大数据局与赣州链橙科技有限公司共同推进实施赣南脐橙品质品牌溯源系统，实现赣南脐橙的识真打假、保质增收。

在粮食类中，五常市政府与蚂蚁金服（杭州）网络技术有限公司（以下简称蚂蚁金服）展开合作，为五常大米引入蚂蚁金服区块链溯源技术；甘肃省定西市基于腾讯安心平台建立马铃薯溯源信息管理平台。

在茶叶类中，杭州趣链科技有限公司与云品荟电子商务股份有限公司建立绿色云品溯源平台，普洱茶率先上链；福建省福茶网与蚂蚁链推出基于区块链技术的溯源产品“福茶码”，实现了从种植、加工、质检、物流、销售的茶叶全生命周期溯源验证，提供防伪溯源一体化服务，消费者扫码即可验真，并获得茶叶产地、品种、质检报告等全部信息。

在畜禽类中，上海众安科技有限公司与深圳市连陌科技有限公司合作推出“步步鸡”项目；北京京东世纪贸易有限公司（以下简称京东）借助智臻链打造“跑步鸡”项目；腾讯安心平台通过食品溯源系统，帮助内蒙古蒙牛乳业（集团）股份有限公司完成奶品生产线的数字化升级，实现奶品流通的全程可追溯；青海宝讯溯源网络科技有限公司将青藏高原牦牛和藏羊上链。

在水产品类中，新立讯科技股份有限公司构建水产品质量安全追溯系统；浙江天演维真网络科技股份有限公司部署的“农业产业全过程溯源云平台”很好地解决了“洗澡蟹”的问题。

在酒品类中，京东通过区块链技术帮助天津天士力大健康产业投资集团有限公司的国台酒搭建产品全程追溯网络；西安纸贵互联网科技有限公司（以下简称纸贵科技）为唐庭御窖白酒提供区块链溯源。

2.2 农业物联网

2.2.1 背景与意义

农业物联网是现代化农业发展的必然趋势。物联网技术是指通过传感设备按照协议将物体与网络进行连接，通过信息传播媒介进行数据交换，以实现智能定位、识别、跟踪与监管等功能的技术。农业物联网依托传感器技术获取农业生产养殖环境（温度、湿度、土壤、水分、二氧化碳含量等）、农作物状态、家禽活动等数据，通过无线通信网络实现农业智能感知、预警、决策的新型农业生产模式。农业物联网应用计算机网络、传感器、区块链等技术，实现农产品生产、存储、运输、销售全过程的智能监督与管理，不仅有利于降低农业生产成本，还可以有效提高农作物质量和产量。应用农业物联网技术是提升农业技术水平、发展现代农业的关键（李道亮等，2018），能有效解决我国农业存在的生产效率低下、资源利用率不高等问题。

2.2.2 农业物联网发展现状与局限

目前仍存在很多问题制约着农业物联网的发展。

物联网数据容易被攻击。目前物联网终端连接方式主要是采用无线连接，由于终端计算资源有限，物联网终端数据传输缺少加密通信机制，设备相互连接缺少安全认证机制，终端设备缺少网络隔离或防火墙，不安全的通信容易导致物联网数据遭到攻击与篡改。

物联网数据容易被窃取。随着农业信息化发展，农业物联网第三方管理平台越来越多，农业设备收集的数据常会交付第三方平台进行存储与管理，受利益驱使，第三方平台可能会把有关育种、种植环境、养殖等数据在未经农企同意情况下与其他机构共享甚至倒卖。物联网收集到的数据如种质资源、试验田等信息关乎农业科技原始创新与现代种业发展，一经泄露，会影响我国农业可持续发展及生物多样性，甚至危害国家粮食安全。

物联网维护成本高。农业物联网目前普遍采用中心化管理方式，随着接入物联网的智能设备越来越多，数据中心的软硬件基础设施的维护成本和能源消耗都面临着前所未有的挑战。

物联网数据难以统一操作管理。传统农业物联网依托于传感设备，不同农业环节的设备品牌、物理协议、管理方式、数据版本等均存在差异，且不同设备产生的数据缺乏统一的格式和标准，这种多样性导致很难对物联网数据进行统一操作与管理。此外，多种设备存在强关联性，当某个环节出现安全问题，将导致整个系统的损坏，造成农业经济损失。

物联网设备之间互通不足。多数互联网仍以中心化模式为主，互联网设备之间互通互联不足，中心化管理使物联网应用成本较高、性能差（李馨迟等，2018），物联网信任机制仍未建立，仅实现了物物、人物之间的数据联通，还未实现价值联通。

2.2.3 区块链在农业物联网中的应用优势

区块链技术通过去中心化来保证数据安全，实现了农业物联网设备数据的真实性、完整性和安全性，物联网与区块链技术相结合，提出并实施了多个智能农业模式。近年来物联网龙头企业开始纷纷部署区块链农业，根据 Forrester Wave 的报告显示，IBM、美国参数技术公司（Parametric Technology Corporation, PTC）、美国通用电气公司（General Electric Company, GE）和微软（Microsoft）已成为物联网平台市场的主导企业，IBM、微软、亚马逊公司（Amazon，以下简称亚马逊）和 SAP 公司（System Applications and Products in Data Processing）等均在其云平台部署区块链服务，为未来物联网接入区块链系统进行超前布局。总体来看，农业物联网与区块链结合将促进农业智能化发展。

区块链技术保障了农业物联网数据不被篡改。区块链分布式存储技术将农业物联网信息存入节点，节点存储内容一致并且没有主次之分，如果想要修改数据，必须修改 51% 以上的节点信息，大大降低了数据被篡改的风险。

区块链技术可以降低物联网的维护成本。区块链技术的去中心化管理方式可以有效地降低农业物联网的投入与维护成本，区块链技术与农业物联网相结合使得入网的监测设备实现自我管理和维护，从而节省以云端控制为中心的高昂的基础设施建设和维护成本以及能源消耗费用，降低互联网设备的后期维护成本，提升农业物联网的智能化和规模化水平。

区块链技术提升农业物联网信息共享程度。农业物联网中的节点种类繁多，各节点具有不同的功能和通信协议，各节点之间的互联性较差，而区块链正好弥补这一缺陷，区块链技术将传感器获得的数据进行分布式储存，采用分布式技术将农业信息进行共享，实现产品信息在流转过程中的共通共享。

区块链技术保证农业物联网信息的安全性。融合区块链技术的农业物联网可以对农产品的生长情况以及产品流通信息进行实时监控。一旦发生盗取信息的行为，区块链会将被盗取的信息和盗取人信息记录下来，进行追溯、问责，同时区块链采用链式结构和密码算法，确保了数据的完整性，也保证了农业物联网信息的安全性。

区块链与物联网的融合研究主要集中在数据共享、智能控制、创新发展方面。在数据共享方面，李乔宇等（2018）利用区块链的去中心化机制和通证经济的价值共享机制，构建开放平台，实现农业物联网参与者对数据的价值共享，从而激励行业投入，形成正向循环；蔡芳等（2022）将区域链技术引入到农业无人机的导航上，实现了农机导航数据的共享，对于提升无人机协同作业能力具有重要的作用。在智能控制方面，李乔宇等（2022）设计研发了去中心化的农业物联网系统，针对区块链技术去中心化和效率之间的矛盾，结合通证经济模型，设计了数据权益去中心化的方式，保证链上链下信息同步，兼顾了去中心化和物联网系统高并发的需要。在创新应用方面，林彬彬等（2022）根据区块链所具有的不可篡改性、各环节点的互通性等特征，构建了一个可实时监督、反馈的漳州农业田园综合体，以促进漳州市农业的发展。

2.2.4 区块链在农业物联网中的应用现状

各个国家在区块链技术在农业物联网中的应用方面

存在不同程度的探索和实践，其中中国、美国、韩国等国家在农业物联网领域应用区块链技术的程度较高。

美国将区块链技术应用于农业智能控制领域，韩国利用区块链技术解决农产品核心数据存储问题并保护相关主体的数据隐私。美国 Filament 公司利用区块链技术构建“智能农场”平台，使得农场管理者能够收到防篡改的气象数据、短信提醒、机械协议、GPS 定位等信息，种植者可以使用非中央控制系统控制户外照明，监测农场土壤条件，节省成本，达到促进农作物增产增收的目的。韩国领先的农业科技企业 Ezfarm 与北京艾鸥科技有限公司（以下简称艾鸥科技）达成深度合作，依托艾鸥科技区块链底层技术，不断完善 Ezfarm 区块链农产品平台建设，保护农民、市场和消费者的数据隐私，并促进相关机构在数据增值等服务上进一步发展。

我国也利用区块链在农业物联网领域开展了一系列实践应用。2020 年，中央网信办等七部门联合印发《关于开展国家数字乡村试点工作的通知》，部署开展国家数字乡村试点工作。同年，重庆市巴南区成为首批国家数字乡村试点地区，其运用区块链技术搭建数字乡村区块链智慧化管理平台，实现了智能化生产监控和病虫害大数据分析防治。深圳云博智联科技有限公司携手河南省豫棉集团实业有限公司，使用物联网传感设备记录棉花生长数据，并将边缘计算、区块链技术与软件结合，搭建可视化的中控中心，为棉产业溯源提供丰富的数据存储和直观的呈现方式。2021 年，联想（北京）有限公司联合四苹果（北京）农业科技有限公司，基于区块链、大数据与物联网技术开发了一套农业物联网解决方案，应用物联网设备对农产品进行全方位的监管，实现全程数字化，科学指导农民的田间作业，有力地推动苹果产业标准化生产与科技化发展。

2.3 农业供应链管理

2.3.1 背景与意义

供应链管理是指对贯穿供应链的产品流、信息流、资金流进行协调、控制，规划、整合所有业务流程和活动，以期满足供应链中不同利益主体的需求。农产品供应链环节较多，且涉及农民、加工商、分销商、零售商、消费者等众多利益相关者，各利益相关者之间信息不透明，导致农产品产销不平衡、供应链运转效率低下。在农产品供应链管理中，多以核心企业为主导，中心化的管理机制存在着信任风险，无法保证整个溯源收集信息的真实性，同时溯源信息的收集与传输过程还存在着一定的信息安全隐患，其中涉及财务状况、生产流程、生产成本等敏感信息一旦泄露，将直接危害相关主体利益，不利于供应链整体运作。因此，如何管理和优化农产品供应链中各流程的信息，建立健全的农产品供应链信息管理系统，规范农产品供应链管理机制，保证市场上农产品数量的正常供应和质量安全，达到提高经济效益的目的，是当今社会需要研究的重要课题（杨晨雪等，2020）。

现代农业供应链管理是基于现代农业物流之上的先进管理模式，研究包括农业生产本身的物流配置，以及农业产前、产后物流的科学流动，以达到供、产、运、加、销有机衔接，实现产前、产中、产后与市场的协同优化运转。农业供应链管理可实现农业生产、加工、销售等环节的高效协同，优化生产流程和资源配置，有效降低农业成本，提高农业生产效率和产量。此外，农业供应链管理还可加强对农产品各产业环节的监督和管理，提高农产品质量安全。因此有必要尽快建设符合当代社会需求和市场规则要求的农业物流与供应链管理体系。2021 年，国务院办公厅发布《“十四五”冷链物流发展规划》，提出要提升国际供应链管理能力，鼓励冷链物流企业围绕全球肉类、水果、水产品等优势产区，构建国内外衔接的物流通道网络，提升冷链物流企业国际化发展水平，同时也反映了中国政府对于供应链管理目前面临的突出瓶颈及痛点难点卡点问题的关注，以及解决问题的决心。

2.3.2 农业供应链管理发展现状与局限

传统供应链管理很难满足农业供应链管理要求，难以实现信息互通。农产品生产、加工、运输和销售等环节众多，加之市场竞争激烈，农业供应链变得比以往更长、更复杂。首先，由于农业供应链涉及的利益相关主体众多、环节复杂，使得供应链上的信息传递难、共享难、追溯难。其次，中心化的管理平台无法保证产品认证的公允性和存储数据的可信性，这些问题的出现为供应链的高效管理带来了极大的挑战。再次，供应链存在信任缺失问题，传统通过线下组织演讲、加大专用资产投资、签订合作关系型契约等措施增加全产业链信任度的管理效果有限，并不能完全覆盖农业产业的全部主体，存在管理失灵和信任危机等一系列问题。最后，农业供应链管理主要通过核心企业的管理调控，然而现今对核心企业的制约较弱，核心企业过多抽取合作剩余，将破坏供应链平衡关系，引起供应链波动。随着供应链的扩容，核心企业的控制能力下降，管理约束效用下滑。

2.3.3 区块链在农业供应链管理中的应用优势

区块链能够真实记录产品从原产地到零售店的全产业链信息，此类信息的透明化有助于农业产业链的信息共享，解决参与方之间的信任问题。区块链是一种去中心化的分布式数据库技术，能有效消除中央集权的弊端，避免信任过度导致的垄断和崩塌，去中心化的特点重新架构了更加健壮的信任机制（陈典斌，2020）。区块链分布式账本技术可以将农业供应链管理各环节的信息记录在分布式账本上，实现信息的共享和协同，避免中心化管理的信息孤岛问题。区块链加密技术能有效保障供应链信息安全，防止信息泄露和篡改。区块链溯源特性，可以保障供应链的透明度和可追溯性，提高农业供应链管理的协同效率。基于智能合约，可实现自动触发生成合同、触发签收、监督打款等行为的执行，大幅降低产业链管理成本（王强等，2022）。

区块链在农业供应链管理方面的研究主要集中在应用框架与原理等方面。字建磊等（2021）将区块链技术嵌入到松茸供应链管理中，为提升松茸的供应链管理效能提供了有力支撑。Leng 等（2018）基于农业“散、小、乱、弱”等现状对农业资源整合和供需调配模式进行分析，提出一种基于“用户信息链”和“交易链”的双链结构农业供应链系统，可以摆脱信息不对称和地理位置的局限性，从而使更多小体量或偏远地区的农业商户可以进入市场公平参与交易。彭琛等（2020）利用分布式数据库系统的技术原理，设计出适用于现代化标准的农业供应链管理商用平台，以达到分布式、网络化、智能化管理农业供应链的目的。杨晨雪等（2020）设计了一种基于区块链技术的农产品供应链数据管理系统，系统具备异构信息数据可信管理功能，可确保供应链信息的安全透明共享，促进农产品产销无缝衔接、推动农业转型升级、助力农民脱贫增收。

2.3.4 区块链在农业供应链管理中的应用现状

区块链技术在农业供应链管理中的应用已经成为全球范围内的发展趋势，美国、英国、加拿大、澳大利亚、中国等国家都在积极探索和应用这项技术。随着区块链技术的不断发展和应用，农业供应链管理的效率和安全性将会得到更大的提升。

美国通过区块链技术实现食品安全管理，英国建立区块链生态系统，加拿大和澳大利亚通过区块链提高农业供应链管理效率。美国 ripe.io 公司通过区块链技术改善食品供应链信息透明度，实现食品安全管理的可信追溯。英国 Agriledger 科技公司为海地的农民建立区块链生态系统，在促进销售的同时，助推供应链信息更加透明。加拿大联邦合作社有限公司与 Morpheus.Network 合作，将分布式账本技术部署在农业供应链中，以提高农业供应链的效率。澳大利亚 AgriChain 公司利用区块链技术实现农产品供应链数据的自动采集，并在供应链每个节点上加盖时间戳，进而提高了供应链管理的可靠性。

中国应用区块链技术提升供应链管理效率、避免供应链纠纷。2017 年，江苏中南建设集团股份有限公司携手黑龙江省北大荒米业集团有限公司发布首个区块链大农场，农场从土地承包开始进行区块链化的认证，覆盖从播种到加工的全部核心流程并与线下核心环节紧密结合，实现可信的管理体系。2018 年 10 月，深圳市中农网有限公司利用区块链技术推出“区块链 + 茧丝全产业供应链平台”，覆盖了下单、生产、加工、仓储、结算、出口等全茧丝产业链，解决了各环节参与者间的信息不对称问题，实现了产供销的平衡。2019 年，天猫国际（阿里巴巴旗下进口零售平台）应用区块链技术，实时跟踪农产品进口商的信用情况，快速验证进口产品的来源和产地真实性，并对外界有选择地共享相关信息。

2.4 农业金融

2.4.1 背景与意义

农业金融是乡村振兴的重要组成部分，也是促进农村经济发展、提升农业效益、提高农民生活水平的有效手段。2022 年，中央一号文件提出要强化乡村振兴金融服务，并提出加大政策支持、深入开展信用体系建设、加强农村金融知识普及、发挥农业信贷担保等措施和意见，以确保农民持续增收，农村经济稳步向前。

农业金融对农业健康发展具有重要的理论意义和现实意义。农业金融是指与农业生产有关的货币流通及相关信用活动，如农村储蓄存款的吸收和支付，农业贷款的发放和回收以及两地资金的汇兑往来等（李金铮，

2003)。金融发达是经济增长的必要条件，缺乏完善的金融体系将导致农业经济发展缓慢，长期处于较低水平。发展农业金融能够促进农业经济快速发展，提高农民收入水平，降低农业风险损失，还能优化农业资金的配置效率，提升农业生产经营者应对市场风险的能力，保障我国农业产出的稳定性，推动我国整体农业经济的结构性改革。

2.4.2 农业金融发展现状与局限

国家对农业帮扶力度逐渐增大，农业改革不断深化与发展，但农业自身具有的内在弱质性、竞争性不足等特点导致农业融资难、融资贵。此外，农业金融存在金融产品种类单一、信用体系不完善、市场风险分担机制不健全等问题，这些将导致农业保险难、风险监管难等问题。

农业保险难。当农业受到自然灾害影响时，灾害数据控制不准确、评估方法不合理、解决时间长等问题导致农业保险理赔很难准时到位。当前我国农村农业保险多以政策性农业保险为主，限制多且理赔范围小。此外，商业保险理赔标准不明确，农民需要提供多种证明材料才可以进行商业理赔，保险公司在办理赔付的时候存在核对信息周期长，理赔效率低等问题（王强等，2022），也阻碍了农业保险的发展。

农业贷款难。目前，我国农民仍面临着严峻的信贷约束问题。我国农户、农业企业的信用贷款能力较低，由于土地、生物资产都不能作为抵押物，在融资过程中需要验证企业、农户等供应链节点之间的业务往来和贷款交易的真实性。此外，体现农户信用的有效途径较少，金融机构也未形成一套较为成熟的农业信用评断标准，农业信用很难建立。各地区农村的农产品、地理环境、生产生活环境等都存在较大差异，农民生产交易情况很难调查，为农村信用建设增加了困难。

2.4.3 区块链在农业金融中的应用优势

区块链技术应用到农业金融领域有助于打破传统农业金融的信息壁垒，解决传统农业金融中农业保险难、农业贷款难等问题，提升农业金融的数字化和信息化水平。

区块链技术构建了新型信任机制，无须第三方公证，可有效提高农业贷款效率。利用区块链共识机制，当数据达成共识，记账节点将生成的区块广播到全网并保存，保证了数据的一致性，无须第三方机构管理与维护，避免了人为操作失误，确保了数据真实有效，申请贷款时将不再依赖银行、征信机构等第三方提供评估证明，贷款机构只需调取区块链相应数据即可开展业务，大大提高了工作效率。

区块链智能合约机制能够实现自我验证，通过既定程序实现自动执行命令，提高农业保险的智能性。运用区块链的智能合约技术，建立农户和保险公司之间的农险智能化赔付机制，一旦智能合约监测到投保的农户因自然灾害等原因达到了理赔要求，无须保险公司启动成本过高的核实机制，智能合约就会自动启动赔付业务流程，使得赔付时间更短、效率更高。

为有效解决我国农业贷款难、保险难、交易难等问题，科研人员利用区块链技术开展了一系列农业金融探索研究。为了解决传统农业供应链金融体系征信缺乏、数据造假、信贷风险较高等问题，有些科研人员提出了基于“区块链＋物联网”的农业供应链金融体系，建立了基于“区块链＋物联网”的农业供应链金融平台，以促进我国“三农”问题的有效解决。王嘉昕等（2020）提出一个基于区块链的“保险＋期货”农业供应链金融模式，引入区块链技术提高链条信息可靠度，引入农业保险补偿农户意外损失，引入期货实现终端风险分散，该模式能有效提高农户融资效率，为构建良好的农村融资生态体系提供有力支持。张文等（2022）以嘉兴市农业供应链金融平台建设为实例，阐述了区块链技术在融资流程重塑中发挥的作用，为同类型平台构建提供了重要借鉴。黄系盟等（2022）利用区块链技术，分析了农资供应链各环节需求，搭建了一套农资交易可信品控溯源系统，提高农资交易的效率和便捷性。

2.4.4 区块链在农业金融中的应用现状

区块链技术凭借其去中心化和不可篡改等特点，有效缓解了农业金融中存在的信任缺失、资产价值不明、金融可得性差等问题，部分国家和地区已开始运用区块链技术引领农业金融进行转型升级。

美国农业科技公司 Indigo Agriculture 为农民提供基于区块链技术的端到端的生产合同溢价。澳大利亚在农业贸易支付方面有所应用，澳大利亚的 AgriDigital 公司基于区块链技术提供全球谷物行业综合商品管理解决方案，将粮农、买家、站点运营商和金融家联系起来，使他们能够安全、实时地签约、交付和付款。澳大利亚农业供应链追踪企业 BlockGrain 利用区块链技术为农民提供实时交易和支付服务，确保种植者的回报最大化。瑞士将区块链技术应用于农业金融保险中，瑞士公司 Etherisc 利用区块链技术为农民提供农作物保险服务，实现自动化转换，简化了索赔过程，降低了管理成本。肯尼亚利用区块链技术处理并发放贷款，肯尼亚农业科技初创公司 Shamba Records 建立了一个基于区块链的平台，该平台使用人工智能和大数据来收集农民的收成记录，处理付款并发放信贷。

在国内，银行是农业金融主要的参与主体。目前，多家银行投入到区块链技术的探索研究中。2016 年，众安在线财产保险股份有限公司将区块链技术引入农业保险，提升了农业保险业务的效率。2017 年，中国农业银行为解决融资问题推出了一个基于区块链、大数据等技术的电子商务金融服务平台——“农行电子管家”，该平台在探索和发展纯信用在线金融服务方面取得成效。2017 年，中国工商银行在贵州利用区块链技术创新开展扶贫金融服务。2018 年，安华农业保险股份有限公司（以下简称安华农险）推出商业性区块链肉鸭养殖险，以“区块链 + 农业保险”模式破解了家禽养殖保险承保难、查勘难、理赔难等行业痛点。2019 年 10

月，安华农险将区块链技术应用到养殖的整个过程，保障了家禽实时死亡数量的真实性和准确性，利用智能合约实现了灾损的自动理赔，一旦家禽死亡原因在保险责任范围内，数据库将会自动触发智能理赔合约，使整个理赔周期大大缩短。2020 年，神州数码信息服务股份有限公司作为数字乡村战略的先锋发布了区块链技术平台 Sm@rtGAS，基于该平台推出了供应链金融、数字钱包、对账清算、预付卡、积分通兑、电子钱包等系列产品。2021 年，趣链科技发挥区块链技术及落地应用优势，建设“信农链”数字乡村区块链平台，实现对农业贷款业务协同风控，破解农业数据不透明、农业数据维度少等难题。2021 年，江苏农村产权交易市场、江苏金湖农村商业银行和蚂蚁链将区块链技术用于农业实时信息检索以进行信任验证，农民抵押品合规性等问题无须在村庄里进行验证，大大降低了理赔周期。

3 基于专利的区块链农业应用发展分析

技术驱动农业产业转型升级的作用日趋明显，技术创新引领的农业产业模式变革仍将持续。区块链作为一种新兴信息技术，已经成为全球科技竞争的新高地，其技术应用在农业领域的重要性日益凸显，特别是在农产品质量溯源、农业物联网、农业供应链管理、农业金融等细分领域已打造出许多较为成熟的应用案例。研究分析农业区块链的技术发展趋势及技术特征，将有助于客观判断其发展状况、趋势及潜在影响。

专利情报占世界科技信息量 90% ～ 95%，通过分析专利文献，可以掌握技术的总体研发状况（丁玉华等，2017）。本章以专利文本为数据源，利用 DI 专利创新平台的分析功能，对专利文本、专利权人、所属国家、申请时间、技术分类号等特征实体进行量化分析，并使用CitespaceV软件绘制全球及农业领域区块链的高频技术分类代码图谱，以及突现技术分类代码探测分析图谱，以揭示该领域研究热点与前沿趋势。

3.1 区块链农业应用技术发展态势

3.1.1 区块链农业应用技术发展概况

区块链农业应用发展起步明显较晚，相关专利申请数量较少，且多集中在近5年，其发展阶段尚处于雏形期。

根据德温特数据库2008—2021年全球区块链及区块链农业应用相关专利统计制作年申请变化趋势图（图3-1）。从专利申请数量的年度变化趋势可以看出，区块链技术发展经历了两个阶段：2008—2014年属于技术发展萌芽期，相关专利申请数量持续较低，均不超过300件；2015—2021年属于快速增长期，专利申请数量经历了暴发式增长，由于从专利申请到专利公布具有18个月及以上的延迟，所以2021年的数据仅供参考。专利数量的突增预示着以区块链为底层技术的新一轮信息技术革命正在快速兴起。近20年区块链农业应用技术共申请专利661件，远低于区块链技术专利申请数量（95 852件），可以说，区块链技术在农业领域的应用研究还相对薄弱。区块链农业应用专利申请数量在2008—2014年较少，仅有零星几件，2015年之后，相关研究逐步加强，到2018年，其相关专利申请数量突破100件（2018年申请专利134件）。可见，区块链技术在农业领域的应用研究正逐步引起重视。

图3–1　2008—2021年区块链技术及区块链农业应用技术专利申请逐年变化趋势

3.1.2　技术区域分布分析

以中国、美国和韩国为代表的区块链技术强国对区块链农业应用都保持积极发展的态度，中国区块链农业应用专利授权比例偏低，相关基础性、关键性技术研究不足。由专利的区域分布可看出各国家（组织）的区块链技术研发实力。表 3–1 显示，区块链技术强国也非常重视农业领域应用布局，中国、美国、世界知识产权组织国际局、韩国、印度、澳大利亚、欧洲专利局、日本、德国和加拿大 10 个国家（组织）入选区块链农业应用专利申请 TOP10。目前，在研究区块链农业应用技术的国家中，中国申请的专利数量最多，共 431 件，且远领先于排名第二的美国，但专利授权率排名靠后（排名第五）。反之韩国、美国和日本专利授权率名列前三。这一定程度上反映出中国区块链农业研发强度世界领先，但创新性略显不足。

表 3–1　区块链农业应用技术专利申请 TOP10 国家（组织）专利申请、授权情况

国家（组织）	专利申请		专利授权		
	数量 / 件	排名	专利授权数量 / 件	授权率 /%	排名
中国	431	1	37	8.58	5
美国	68	2	18	26.47	2
世界知识产权组织国际局	41	3	0	0	7
韩国	29	4	10	34.48	1
印度	27	5	1	3.70	6
澳大利亚	15	6	2	13.33	4
欧洲专利局	14	7	0	0	7

续表

国家（组织）	专利申请		专利授权		
	数量/件	排名	专利授权数量/件	授权率/%	排名
日本	10	8	2	20.00	3
德国	8	9	0	0	7
加拿大	7	10	0	0	7

3.1.3 机构分布分析

区块链农业应用研发力量仍是以企业为主，中国入选全球区块链农业应用专利申请 TOP10 机构数量最多，但排名整体靠后，对一流研发机构培育扶持力度还需加强。表 3–2 为全球区块链农业应用专利申请量排名 TOP10 的机构，由于区块链农业应用研究起步较晚，总体专利申请数量普遍较少，TOP10 机构中也有较多机构的相关专利申请数量仅为个位数。从机构类型看，10 家机构中包含 7 家企业和 3 家高校，区块链农业应用研发力量仍是以企业为主。从机构所属国家角度分析，中国有 5 家机构入选，美国有 2 家，爱尔兰、日本和德国各有 1 家机构。从排名角度分析，中国入选机构数量最多，但排名较为分散，浙江数秦科技有限公司排名第一，安徽农业大学排名第十，其余 3 家机构均并列排名第七，中国一流研发机构较少。德国 Stenon 股份有限公司排名第二，日本岛津公司排名第三。从主营业务角度来看，主要集中在利用区块链的去中心化、分布式存储、加密、可追溯以及可编程的智能合约等技术特征，解决食品安全、面源污染、农村金融、集体存量资产盘活等问题。

表 3–2 全球区块链农业应用专利申请 TOP10 机构

国家	机构名称	机构类型	专利申请数量 / 件	排名
中国	浙江数秦科技有限公司	企业	21	1
德国	Stenon 股份有限公司	企业	13	2
日本	日本岛津公司	企业	9	3
美国	Countia 有限责任公司	企业	7	4
爱尔兰	埃森哲有限公司	企业	7	4
美国	阿诺诺斯公司	企业	7	4
中国	浙江商业职业技术学院	高校	6	7
中国	西南石油大学	高校	6	7
中国	中国平安保险股份有限公司	企业	6	7
中国	安徽农业大学	高校	5	10

3.2 区块链农业应用技术研究重点、热点与前沿分析

3.2.1 关键技术小组

全球区块链农业应用重点围绕利用区块链的去中心化、分布式存储、加密、可追溯以及可编程的智能合约等技术解决农产品溯源以及农村金融相关问题，缺乏对农产品溯源以及农村金融以外的成熟应用，这是目前区块链农业应用的薄弱环节。通过统计不同部、类、组，可以清楚地揭示技术研发的重点，目前区块链农业应用技术的相关研究主要集中在底层技术（H04L、G06F、G06K、H04W、G06N、G06T）和应用领域（G06Q、A01G、G01N、A01B、A01C）研究（图 3–2）。区块链底层技术架构模型一般包括数据层、网络层、共识层、激励层和合约层 5 个部分（丁玉华等，2017）。区块链农业应用技术重点集中在对涉及 Merkle 树、链式结构、数据区块和时间戳等技术要素的数据层（G06F）进行研究；对涉及不同网络架构，如 P2P 网络、传播机制和验证机制等网络层（H04L、H04W、G06K）进行研究；对涉及发行机制与分配机制的激励层（G06N、G06T）进

行研究。目前区块链技术在农村金融领域（G06Q）、农机作业（G01N、A01C）以及农业种植系统建设（A01B、A01G）中开展了应用研究。

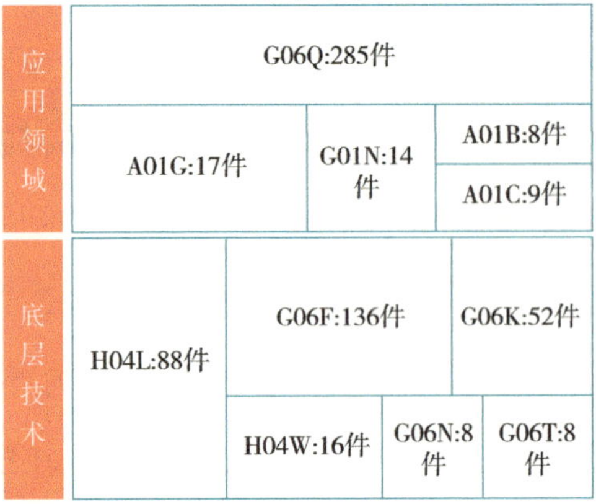

图 3–2　区块链农业应用关键技术小组分布图

3.2.2　技术热点分析

区块链农业应用技术研究热点与通用区块链技术热点基本吻合，集中在分布式数据、安全管理系统、数据加密解密、加密货币、软件产品和数据传输技术研发上，此外，还非常重视对相关商业模式的研究。专利分类代码共现知识图谱可以展现一段时间内专利集中反映的热点类别，通过对高频专利分类代码共现关系分析可进一步明晰研究热点。

本研究对区块链及农业领域相关专利的分类代码进行分析，出现频次高的代码表示相应技术是研究热点（张振刚等，2018）。图 3–3 是以区块链农业应用技术专利为数据源，借助 CiteSpace V 软件绘制而成。

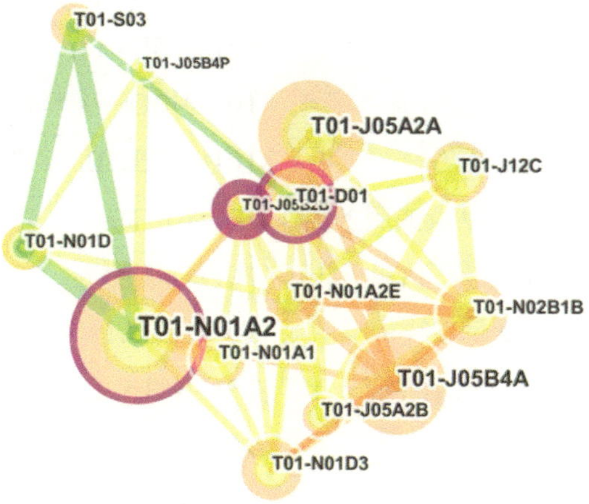

图 3–3　2015—2019 年区块链农业应用技术专利共现图谱

利用 CiteSpace V 软件对区块链技术专利按德温特手工代码进行统计分析，得到各类专利的出现频率及中心性大小，按出现频率排序，得到排名前 10 位的热点技术（德温特手工代码分类），如表 3–3 所示。

表 3–3　排名前 10 位区块链农业应用热点技术

技术类别	德温特手工代码	出现次数 / 次	中心性
互联网商业模式	T01–N01A2	21	0.13
管理工具 / 商业模式	T01–J05A2A	19	0.02
分布式数据、区块链	T01–J05B4A	18	0.11
安全管理系统	T01–J12C	12	0.08
用户权限 / 密码系统	T01–N02B1B	12	0.02
数据传输（从远程站点或服务器）	T01–N01D3	12	0.10
数据加密解密（公钥 / 私钥）	T01–D01	12	0.40
加密货币 / 电子支付系统	T01–N01A1	10	0.01
价值链服务提供商和集成商	T01–N01A2E	10	0.08
工作流程管理	T01–J05A2B	9	0.03
软件产品	T01–S03	9	0.02
数据传输	T01–N01D	9	0.00

结合图 3–3 和表 3–3 可知，区块链农业应用技术 TOP10 的技术热点，全部属于数字计算机（T01）这一技术大类，进一步分析德温特手工代码，得到农业和区块链的技术热点包括以下 3 个方面。

（1）商业应用模式相关研究（T01–N01A2、T01–J05A2A、T01–N01A2E、T01–S03）

从应用架构模式设计来看，重点研究了区块链技术与农业供应链（张振刚等，2018）、农产品安全（汪垚，2019）、农村金融（赵逖，2021）、农村电子商务（罗子健，2021）等农业应用领域模式的融合架构，运用区块链智能合约等技术设计出一套农产品溯源模型。从应用种类看，目前区块链在咖啡、鱼肉、牛肉、啤酒、牛奶、意大利面等农产品供应链上进行商业模式应用，对大豆、橄榄油、火鸡等 20 类农产品进行金融、追溯、食品安全等应用实践（Andreas et al.，2019；Antonucci et al.，2019）。商业应用是区块链农业应用技术创新的最终目的，探索区块链农业应用的商业应用也将持续成为该领域的技术热点。

（2）数据处理与传输相关研究（T01–J05B4A、T01–N01D3、T01–D01、T01–J05A2B、T01–N01D）

区块链的分布式众包记账系统使其具有了可无限扩展的能力，尤其是智能合约技术的去中心性特征，有利于减少交易和执行成本。智能合约技术在农业农村领域的应用更是前景广阔。付小颖（2020）提出了将智能合约技术应用于农业灾害自动检测、自动赔付，提高赔付效率。Shen 等（2020）通过智能合约调取链下存储在私有或公有云平台的数据，实现农产品供应链全过程信息化。区块链农业应用中数据处理与传输方法的发展会为更多区块链农业应用中实际问题的解决提供助力。

（3）安全管理相关研究（T01–J12C、T01–N02B1B、T01–N01A1）

区块链的不变性引发了数据隐私问题，在农业供应链管理、农产品安全追溯等应用上，区块链技术的安全和隐私问题仍是关注的焦点（李鹏等，2021）。范贤丽等（2019）针对粮食供应链中信息共享时各个主体面临的隐私问题，设计了一个基于区块链和星际文件系统技术的隐私保护系统。霍红等（2019）利用密钥与区块链加密技术协同保护农产品集成供应链各个参与主体的隐私。随着农业的信息化、智能化发展，对隐私问题的关注度也持续上升，区块链技术在农业应用上带来的隐私问题也会吸引更多学者的关注和研究。

3.2.3　技术前沿探测

数据库应用、程序配置及输送机等通用技术是区块链技术研究前沿，这 3 个方向也极可能成为未来区块链农业应用研究上的技术前沿。利用 Citespace V 软件提供的词频探测技术，通过分析词频时间分布，将频次变化率高的词（burst term）从大量主题词中探测出来并加以处理，采用突现度来表示词频变化率的高低。对专利文本而言，专利类别突现度（burst 值）越大，该类别越可能代表技术前沿领域（陈悦，2014）。利用 Citespace V 软件的统计功能探测区块链农业应用的突现词，由表 3–4 可以看出，技术研究前沿分布于两个方面。

表 3–4　区块链农业应用研究技术突现词分布

技术类别	德温特手工代码	突现强度	开始年份	结束年份
数据库应用	T01–J05B4P	3.922	2015	2017
软件技术	T01–F05B2	3.356	2015	2017

T01–J05B4P（数据库应用）。数据库应用是区块链农业应用前沿技术，区块链从本质上讲就是一个共享数据库。农业 4.0 以农业物联网为典型特征，但是作为复杂的物联网系统，农业物联网面临着数据信息攻击风险，研究分布式共享数据库云平台农业应用技术，使得农业生产数据具备不可伪造、可以追溯、安全可信等特征，这对农业物联网长远发展至关重要。陶启等（2018）利用区块链技术构建了从农田到餐桌的大米全产业链质量信息数据库，以实现食品质量安全的高效管控。Dinh 等（2017）将区块链技术与数据库技术进行结

合，搭建数据库应用系统，通过配置数据库节点，不仅可以提高数据的恢复效率，还可以提高区块链的查询功能，对于提升农业全产业融合水平具有重要意义（李国清，2020）。随着农业数据库的快速发展，区块链技术与其结合的广度和深度也会逐渐增加。

T01–F05B2（软件技术）。随着区块链技术日趋成熟，必然将诞生一批基于区块链技术的软件应用。软件平台技术是真正实现农业大数据、农业物联网、数字农业的关键。目前也有一些学者开展了相关研究，如高云等（2020）在传统 Fabric 区块链架构基础上引入了中间件的概念，从而降低了区块链软件的开发难度。任守纲等（2020）采用基于区块链信誉监督机制共识算法 CSBFT 设计了农作物全产业链信息溯源平台，使得上链数据具有更高的安全性和更小的时延性。钱建平等（2020）提出了以 Hyperledeger 作为联盟平台开发农业投入品智能管控平台，实现了数据可追溯，提升了可信度。近几年，区块链农业应用技术得到快速发展，区块链技术与软件技术深度融合，促进技术的应用落地，也势必会成为未来研究重点。

4 区块链农业政策情况

区块链技术作为有效的信任创建机制，引起了世界各国的普遍关注，各国在政策制定、发展规划等方面积极开展研究与探索，并出台一系列扶持性政策，促进技术研发与应用。前面章节已经介绍到我国以及美国、欧盟等一些发达国家（地区）都积极布局区块链在农业领域的应用，并制定了一系列促进政策。但是由于各个国家（地区）在经济发展水平、战略利益等方面彼此不同，区块链农业相关政策制定也存在差异。因此对我国以及美国、欧盟 3 个国际代表性国家（地区）的区块链农业政策进行分析，把握国际区块链农业的发展局势，这对我国区块链农业政策制定具有重要的意义。

本章选取欧盟、美国和中国 3 个国家（地区）颁布的区块链农业政策为分析对象，为确保分析对象的可比性，本章聚焦最高层面的政策法规。由于三方的法律体系、政府机构、公文类型存在差异，本章以政府官方门户发表的公文情况为基准，进行政策文本的下载、组织和分析，将政策文本大类定义为：法律（法律、草案、议案等）及政府公布的所有相关类型的文件（所有相关部门或者委员会公布的条例、政策、白皮书等）。

4.1 政策颁布趋势

在 2013—2022 年这十年间，欧盟颁布的区块链农业政策数量最多，共计 303 件，中国排名第二，共计 243 件，美国颁布 235 件。十年间，欧盟、美国、中国 3 个国家（地区）区块链农业政策数量呈交错上升趋势（数据统计截至 2022 年 7 月，计量分析时 2022 年数据不能代表全年数据），呈现较好的发展势头（图 4–1）。

欧盟的区块链农业政策制定数量在 2016—2022 年持续走高，并于 2019 年超越美国、中国。2021 年，欧盟政策颁布数量达到顶峰，共计 114 件，是同期中国政策颁布数量的 1.27 倍、美国政策颁布数量的 2 倍。欧盟作为世界领先的农业与食品生产地区之一，对内面临农业劳动力大量流失、人口日益老龄化、农业生产环境问题突出等压力，对外面临优质低价农产品的挤压冲击，因此欧盟非常重视发展创新技术以走出困境。较多的区块链课程、活跃的开发者社区、众多的区块链会议和较完善的基础设施共同构建了欧盟友好的区块链创新环境。同时欧盟也致力于通过政策引导，立足欧盟内部差异和农民需求差异，加强区块链的理念创新，形成与欧盟各个区域相适应的区块链农业解决方案。

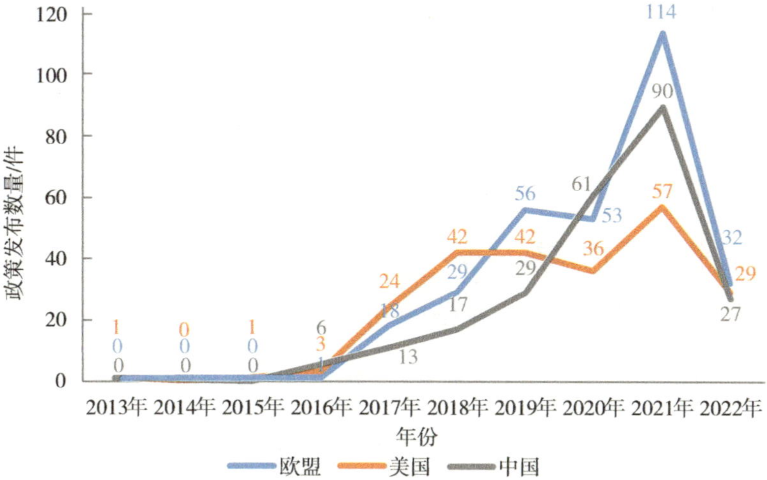

图 4-1　各国（地区）政策颁布趋势图

美国区块链农业政策发展趋势与欧盟类似，美国是较早制定区块链农业相关法规的国家，最早可追溯到 2013 年。2013—2016 年，其政策发展处于萌芽阶段，仅有 1 ～ 2 件零星的政策出台，当时整个区块链发展尚处于起步阶段，美国早早就预见了区块链在农业领域的应用前景，并进行了顶层设计。2016—2018 年，政策颁布数量呈指数级上涨，2019 年后呈现缓慢上升趋势。美国政府一直积极推进区块链技术发展，关注区块链对政治、经济和社会的潜在影响，从国会、联邦各部门到各州都积极参与区块链的调研论证，并推动区块链技术研发、应用创新和产业布局（孙惠平，2020）。此外，美国国家科学基金会等科研部门投入大量的资金，支持区块链相关的理论和关键技术研发。2020 年 10 月，美国发布了《国家关键技术和新兴技术战略》，将区块链和芯片技术一起列为美国国家安全技术，足以证明美国对区块链技术的重视程度。

中国从 2016 年开始颁布区块链农业相关政策，在此之后政策数量一路飙升，2021 年政策颁布数量达到 90 件，较 2016 年增加 1 400%。我国大力支持区块链技术研究应用，并从国家层面大力推进区块链技术在农业领域的应用发展。

2016 年，国务院印发《“十三五”国家信息化规划》（以下简称为《规划》），提出到 2020 年“数字中国”建设取得显著成效，信息化能力跻身国际前列。区块链技术也首次被列入《规划》中。自此，各省份和企业着手研究区块链技术，以期将区块链技术应用到各行各业中。农业作为中国传统行业，也成为区块链应用的重点研究领域，我国政府相继出台了一系列政策以促进区块链农业的融合发展，指导区块链农业应用实践。

2019 年 10 月 24 日，中共中央政治局就区块链技术发展现状和趋势进行第十八次集体学习。中共中央总书记习近平在主持学习时强调，区块链技术的集成应用在新的技术革新和产业变革中起着重要作用，要把区块链作为核心技术自主创新的重要突破口，明确主攻方向，加大投入力度，着力攻克一批关键核心技术，加快推动区块链技术和产业创新发展。习近平强调，要强化基础研究，提升原始创新能力，努力让我国在区块链这个新兴领域走在理论最前沿、占据创新制高点、取得产业新优势。

2020 年，中央一号文件指出，要“依托现有资源建设农业农村大数据中心，加快物联网、大数据、区块链、人工智能、第五代移动通信网络、智慧气象等现代信息技术在农业领域的应用”，这是区块链作为数字时代的前沿技术首次被写入中央一号文件，体现了区块链农业应用在国家战略中的地位，也意味着科技富农必须尽快落到实处。

4.2 政策颁布机构

4.2.1 欧盟

欧盟在区块链农业发展方面已经形成了一套较为完善的组织管理体系，用于制定和实施区块链农业政策。欧盟共计颁布了303件区块链农业政策，颁布机构由欧盟委员会、欧盟理事会、欧盟议会以及欧洲经济和社会委员会组成。其中，欧盟委员会、欧盟理事会和欧盟议会是欧盟的三大机构。欧盟委员会作为欧盟唯一一家有权起草法令的机构，颁布的区块链农业政策数量最多，共有136件，占全部区块链农业政策总数的44.88%；欧盟理事会共颁布108件区块链农业政策，排名第二，该机构由来自欧盟成员国各国政府部长组成，是欧盟的主要决策机构之一，颁布的政策有利于协调欧洲共同体各个国家间农业相关事务；欧盟议会为欧盟的立法、监督和咨询机构，共颁布30件区块链农业政策，排名第三；欧洲经济和社会委员会颁布29件区块链农业政策，对欧盟农业经济决策发表意见，对欧盟农业决策提供咨询并施加间接影响（图 4–2）。

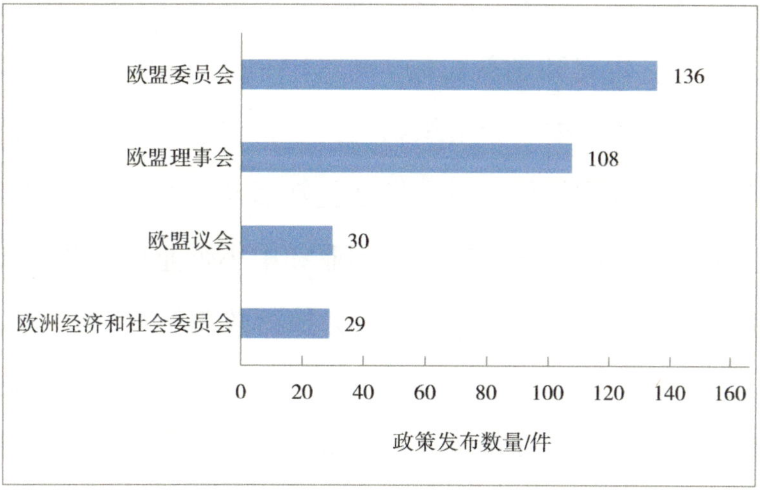

图 4–2　欧盟颁布区块链农业政策数量分布图

欧盟委员会颁布区块链农业相关政策数量 TOP5 机构分别为“总秘书处”“通信网络、内容和技术总局”“研究和创新总局”“内部市场、工业、创业和中小企业总局”“农业和农村发展总局”和“环境总局”。其中，总秘书处颁布政策最多，共 59 件，占欧盟委员会总政策数量的 43.38%，颁布政策多是关于区块链农业方面的工作计划与管理办法，以及本组织和秘书处日常运行的行为规范和准则；通信网络、内容和技术总局颁布 24 件区块链农业相关政策，位居欧盟委员会组织第二位，颁布政策内容主要关于保障欧盟在关键技术领域的战略自主权，促进欧洲农业智能化、可持续发展和包容性增长；研究和创新总局颁布 11 件区块链农业相关政策，位居欧盟委员会组织第三位，旨在推动欧盟产学研之间建立合作伙伴关系，推动创新活动，促进就业和经济增长；内部市场、工业、创业和中小企业总局共颁布 8 件相关政策，政策主要内容为执行欧盟委员会相关决议，指导区块链农业市场发展；农业和农村发展总局通过实施农业政策促进欧洲农业的可持续发展，并确保其农村地区的福祉；环境总局颁布区块链农业相关政策以加强欧洲农业环境保护，提升环境治理能力，这 2 个机构均颁布 5 件区块链农业相关政策。欧盟对发展区块链技术持积极态度，欧盟委员会中多个机构发布区块链政策文件，深入探索区块链技术及其在农业中的应用与发展（表 4–1）。

表 4-1 欧盟委员会颁布区块链农业政策 TOP5 机构

序号	委员会名称	委员会在农业区块链政策制定中的职能	农业区块链政策颁布数量 / 件
1	总秘书处	农业工作计划管理和监督	59
2	通信网络、内容和技术总局	农业智能化、可持续发展和包容性增长	24
3	研究和创新总局	农业在气候变化、可再生能源、新一代信息与通信技术等情况下创新发展	11
4	内部市场、工业、创业和中小企业总局	实施有利于农业市场发展政策	8
5	农业和农村发展总局	实施可持续发展农业政策，确保其农村地区的福祉	5
6	环境总局	监测和分析欧洲农业环境	5

4.2.2 美国

美国国会是制定美国区块链农业政策的法定机构，共计颁布了 235 件区块链农业政策。美国国会由众议院和参议院构成，其中，22 家众议院委员会颁布了 167 件相关政策，10 家参议院委员会颁布了 49 件相关政策。区块链农业政策主要颁布机构为众议院金融服务委员会、众议院拨款委员会和众议院农业委员会，这 3 家委员会颁布的区块链农业政策均超过 15 件。其中，众议院金融服务委员会是美国极具影响力的立法机构，拥有对农业金融服务业，包括证券、保险和银行等行业的监督管理权力，其颁布了 37 件区块链农业政策，排名第一；众议院拨款委员会是众议院最重要的常设委员会之一，也是最活跃的主体，主要行使对农业税收、关税和其他税收措施的管辖权，共颁布了 23 件区块链农业政策，排名第二；众议院农业委员会对美国联邦农业政策和某些联邦机构行使监督管辖权，并且可以根据众议院规则为各种政府机构、计划和活动进行拨款，共计颁布了 16 件区块链农业相关政策，排名第三。由于区块链农业领域应用范围比较广泛，除了上述 3 个常设委员会，银行、住房和城市事务等其他委员会在一些特定议题上也参与立法活动（表 4–2）。

表 4–2 美国颁布区块链农业政策 TOP5 机构

序号	委员会类型	委员会名称	委员会在区块链农业政策制定中的职能	区块链农业政策颁布数量 / 件
1	众议院	金融服务委员会	农业金融服务，包括证券、保险和银行	37
2	众议院	拨款委员会	农业税收、关税和其他税收法定的管辖权	23
3	众议院	农业委员会	农业政策及联邦机构监管	16
4	参议院	银行、住房和城市事务委员会	农业保险、农业金融货币政策	13
5	众议院	国土安全委员会	农业生物安全、网络安全监管	10

4.2.3 中国

利用北大法宝数据库检索“农业”“区块链”关键词，结果显示，国务院各组成部门共颁布 174 件区块链农业政策（图 4–3），其中，以农业农村部颁布政策数量最多。农业农村部作为统筹研究和组织实施“三农”工作的发展战略、中长期规划及重大政策的重要部门，共计颁布 42 件区块链农业相关政策，以支持利用区块链等现代信息技术推进乡村振兴，加快农业现代化发展步伐。2020 年，农业农村部及中央网络安全和信息化委员会办公室印发了《数字农业农村发展规划（2019—2025 年）》，指出“加快推进农业区块链大规模组网、链上链下数据协同等核心技术突破，加强农业区块链标准化研究，推动区块链技术在农业资源监测、质量安全溯源、农村金融保险、透明供应链等方面的创新应用”。2022 年，农业农村部批准建立了农业农村部区块链农业应用重点实验室，开展区块链农业应用模式研究和应用技术的科技开发及成果转化。

工业和信息化部颁布 40 件区块链农业相关政策，排名第二。工业和信息化部作为行业管理部门，管规划、管政策、管标准，其颁布的政策多聚焦于鼓励区块链技术与其他新兴技术融合，并应用到工业、农业等多个场景中。2021 年工业和信息化部、中央网信办联合发布《关于加快推动区块链技术应用和产业发展的指导意见》，指出“到 2025 年，区块链产业综合实力达到世界先进水平，产业初具规模。区块链应用渗透到经济社会多个领域，在产品溯源、数据流通、供应链管理等领域培育一批知名产品，形成场景化示范应用”。同时，针对区块链标准不完善、不健全的现状，工业和信息化部组建了全国区块链和分布式记账技术标准化技术委员会，为区块链技术和产业创新发展提供标准支撑。

商务部共颁布31件区块链农业相关政策，排名第三。商务部承担制定和实施我国国内外经济贸易政策、推进扩大对外开放的重要职责。其颁布的区块链农业政策内容主要聚焦在加强区块链等前沿课程培训、促进城乡市场发展、支持中小企业发展区块链等新一代信息技术及积极推动应用区块链技术开展智慧农业的试点工作等方面。

国家发展和改革委员会（以下简称国家发展改革委）共颁布29件区块链农业相关政策，旨在贯彻落实党中央关于发展改革工作的方针政策和决策部署，在履行职责过程中坚持和加强党对发展改革工作的集中统一领导。其颁布的区块链农业政策主要聚焦于推动区块链等技术与质量管理融合发展、加快农业品牌精品培育、壮大区块链等新兴数字产业、推进农业生产经营和管理服务数字化改造及鼓励区块链技术在农业金融中的应用等方面。

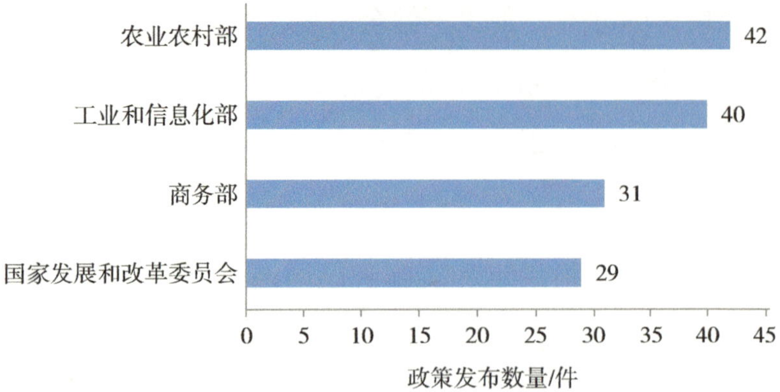

图 4–3 中国国务院各机构颁布区块链农业政策数量分布

4.3 政策主题

4.3.1 欧盟

通过对政策关键词进行词云分析，发现欧盟的区块链农业政策主要聚焦在 3 个方面，分别是监管、技术和应用（图 4–4）。

监管类区块链农业政策主要对应的关键词包括：预防、校正、不平衡、废除、改革、保护、标准、市场等。政策主要内容包括要求提出智慧农产品流通研究计划以保障食品安全，规范不同农产品供应链与平台间的数据存储标准以实现更安全的交易、更简化的业务流程。较为典型的政策有：2021 年欧盟议会发布《关于实现欧盟可持续蓝色经济的决议：渔业和水产养殖部门的作用》，广泛呼吁改进渔业管理做法和监测，提出利用区块链等技术提高产品的可追溯性。

图 4–4　欧盟区块链农业政策主题词云图

技术类区块链农业政策主要关键词包括：数字化、地平线计划、创新、区域、数据、技术、计算、人工智能、发展等。政策主要内容包括欧盟启动了欧洲区块链服务基础设施建设，利用共识算法、密码学等技术将区块链扩展到数字农业、智能农业等领域。代表性政策举措包括：2018 年 2 月，欧盟委员会宣布启动

“欧盟区块链观测站和论坛”新机制，旨在将各成员国的区块链技术和力量聚集起来，共同将欧洲打造成区块链技术与应用的全球领导者；2018 年 4 月，欧盟 21 个成员国（德国、法国、丹麦和荷兰等）和挪威签署建立欧洲区块链伙伴关系的协议，致力于建立欧洲区块链服务基础设施，用以支持欧洲跨境数字公共服务；2018 年，欧盟组建了欧洲区块链和分布式账本技术专业中心，并颁布了《关于区块链和智能合约的法律和监管框架》，为决策者和监管者如何使用区块链技术提出了具体建议。

应用类区块链农业政策主要关键词包括：经济、投资、宏观经济、持续性、财政、融资、贸易、生物经济、经营等。政策主要内容是鼓励将区块链技术应用到农业管理、融资和供应链等方面，提升农业生产和分销的透明度。代表性政策举措包括：欧盟议会颁布《关于欧盟有机农业行动计划的决议》，提出在有机农业中要更多地部署区块链等数字技术，强调了区块链等数字技术有利于有机农业可持续性发展，确保了农业信息的隐私性、盈利性和独立性；欧盟议会和理事会修订《欧盟肥料产品数字标签的法规》，提出数字化转型将促进农业整个价值链的合作，区块链等技术有潜力使农业更高效、更可持续、更具竞争力，支持创新型中小企业发展区块链技术。

4.3.2 美国

通过对政策关键词进行词云分析，发现美国的政策主要聚焦在3个方面，分别是监管、科技和应用（图4–5）。

图 4–5　美国区块链农业政策主题词云图

监管类区块链农业政策主要对应的关键词包括：拨款、财政、账单、银行业、商业、资金、经济、贸易、通货、订单、投资、预算、资产、证券、付款、交换、收入等。美国对区块链技术一直保持较为严谨的态度，重点关注加密数字货币行业，同时也重视区块链技术在农业金融领域的布局。较为典型的政策有：第117届国会在《金融服务和一般政策拨款法案》中提到区块链技术可以帮助提高网络安全性，通过区块链可追溯性可以实现农业等多个领域交易的审计跟踪，通过数字签名可实现身份的唯一标识，进而进行金融验证。

科技类区块链农业政策主要关键词包括：科学、技术、改革、数字、基础设施、智力、新兴、通信、探索、挑战、信息等。政策主要内容为支持区块链创新发展，引领全球技术发展规范，支持区块链在农业及其他领域应用示范，提升社会对区块链这一新技术的接受程度。代表性举措为：2017年12月第115届国会参议院发布《数字决策：机器学习和人工智能的基石》，详细讨论了区块链技术原理、区块链的应用场景与如何设计和部署智能系统。

应用类区块链农业政策主要关键词包括：家园、农业、住房、城市、食物、乡村、基础设施、教育、保护、环境、营养、健康等。政策主要内容为支持利用区块链技术解决美国在环境保护、农业生产、农业资源、乡村建设等方面存在的问题。代表性政策举措包括：2021 年 7 月第 117 届众议院农业委员会颁布《21 世纪粮食系统：受控环境 农业在保护国内粮食供应链和基础设施方面的作用》，提出区块链技术在食品供应链中具有巨大应用潜力，其可以提供即时、共享、透明的食品供应链信息给特定人员，任何食品问题均可通过区块链技术进行溯源找到问题发生点，此外，区块链技术还可帮助分销商、运输商和零售商更好地了解供应链情况，做出明智选择；第 116 届国会众议院在《农业、农村发展、食品和药品管理局以及相关机构拨款法案》中提到区块链技术可准确追踪食品的来源和加工过程，降低食品污染暴发风险，督导食品与农业研究院通过区块链技术降低食源性疾病的风险，赞扬食品和药品管理局在这一领域完成的工作，并鼓励食品与农业研究院与食品和药品管理局之间进行协作。

4.3.3 中国

通过对政策关键词进行词云分析，发现中国的政策主要聚焦在两个方面，分别是科技创新、农业应用（图4–6）。

图 4–6　中国区块链农业政策主题词云图

科技创新类政策主要对应的关键词包括：信息化、数字、科技、技术、互联网、知识、新兴产业、关键技术、人工智能、科技成果、科创、技能、数据中心、5G、科学等。中国在区块链领域已具备一定技术产业发展基础，政府鼓励各地方立足实际，研究制定支持区块链产业发展的政策措施。区块链等新一代数字技术能提高农业发展科技化水平，将成为驱动乡村全面振兴的数字新基建。科技类较为典型的政策包括：2021 年 12 月，国务院发布《“十四五”数字经济发展规划》，将区块链技术纳入了战略性前瞻性技术的行列，并强调了其在推动数字产业化、健全完善数字经济治理体系、着力强化数字经济安全体系中的重要作用。

农业应用类政策主要对应的关键词包括：农业、农村、乡村、自然资源、食品安全、三农、旅游业、生态、农产品、质量、安全、粮食、追溯、生态环境、绿色、有机等。政策主要内容为支持发展区块链在农业领域的应用，鼓励利用区块链技术促进农业规模化、标准化、品牌化，推动农业高质量发展。较为典型的政策包括：2021 年 11 月，农业农村部发布《关于拓展农业多种功能 促进乡村产业高质量发展的指导意见》，指出利用 5G、云计算、物联网、区块链等技术，加快网络体系、前端仓库和物流设施建设，把现代信息技术引入农业产加销各个环节；2021 年 10 月，农业农村部发布《关于促进农业产业化龙头企业做大做强的意见》，鼓励龙头企业应用区块链技术，加强产品溯源体系建设；2021 年 5 月 17 日，农业农村部办公厅及中国农业银行办公室发布《关于加强金融支持乡村休闲旅游业发展的通知》，提出科技赋能智慧金融服务，综合运用大数据、区块链等技术，加强乡村休闲旅游数据积累和共享，为信贷投放提供支持，提高信贷风险的识别和预警能力；2020 年 4 月，农业农村部办公厅印发《社会资本投资农业农村指引》，鼓励社会资本参与数字农业、数字乡村建设，推进农业遥感、物联网、5G、人工智能、区块链等应用，提高农业生产、乡村治理、社会服务等信息化水平。

5

我国区块链农业应用分析

产业振兴是乡村振兴的基础，目前我国区块链产业规模发展迅速，产业链条已初步形成。我国于2019年出台并实施了《区块链信息服务管理规定》，随后中央网信办积极开展了区块链备案审核工作。截至2022年3月，中央网信办分别于2019年3月30日、2019年10月18日、2020年4月24日、2020年10月30日、2021年6月18日、2021年11月9日、2022年3月4日发布了七批境内区块链信息服务备案信息，涉及1 284个应用主体、1 705个区块链应用项目，应用方向涵盖金融、农业、医疗、政务、教育、物流、能源等多个领域。为了进一步明晰我国区块链农业应用状况，本章将以中央网信办备案的区块链项目为分析对象，对其所属领域、所属区域进行人工标注，从备案项目领域分布、数量趋势、主体分布和区域布局等多个维度，深层次揭示我国区块链农业领域应用发展的现状及趋势。

5.1 应用场景分析

5.1.1 应用场景整体布局

区块链应用主要聚焦于区块链技术开发、区块链服务平台开发、行业应用3个场景，其中行业应用场景项目数量优势突出。截至2022年3月，在国内已备案的区块链项目中，77.86%的项目是与金融、农业、消费、司法等行业相融合的应用，19.88%的项目集中于加密技术、分布式存储、共识机制、智能合约等区块链相关技术开发，还有2.26%的项目聚焦于开发一键式快速部署及链上业务可视化管理、运维的服务平台（图5–1）。

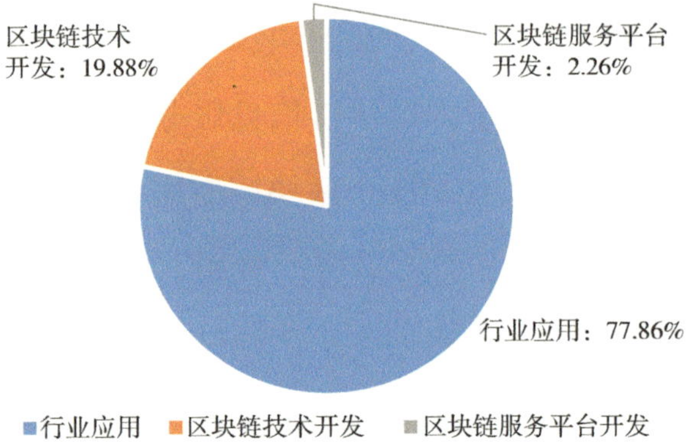

图5–1 区块链应用场景布局

区块链技术与行业融合应用较广但分布不均，金融行业开展最为广泛，农业行业应用项目数量排名第五。区块链行业应用场景众多，包含金融、政务、司法、消费、农业、医疗、教育、建筑、数据安全、物流、社交、能源等多个行业。其中，金融行业应用项目数量占全部项目总数的29.62%，位居首位，主要利用区块链技术增加融资、支付结算、资产证券、信息流通等金融场景的信息可信度，缓解重复交易问题；政务行业应用项目数量占项目总数的21.99%，仅次于金融行业，其将区块链技术应用于电子证照、政府审计、政务办公、电子票据等政务场景中，有助于打破不同行政部门之间的信息壁垒，提高政府工作效率，提升应急决策的质量；司法是区块链应用的另一个主要场景，将区块链技术应用于电子存证、版权确权等司法场景，有利于提高信息的真实可追溯性；区块链在农业行业应用项目数量排名第五，共77个，占总体的5.76%，其将区块链与物联网等数字技术进行结合，可实现对农作物生长状况实时监测、农产品质量安全追溯、农产品供应链全流程管理，亦可将生物资产信息上链提供给金融机构支撑农民抵押贷款，有效缓解农业生产过程中的“信息危机”问题。

区块链技术在能源、汽车、社交等行业仍处于初步阶段，应用占比均低于 2%（图 5–2）。

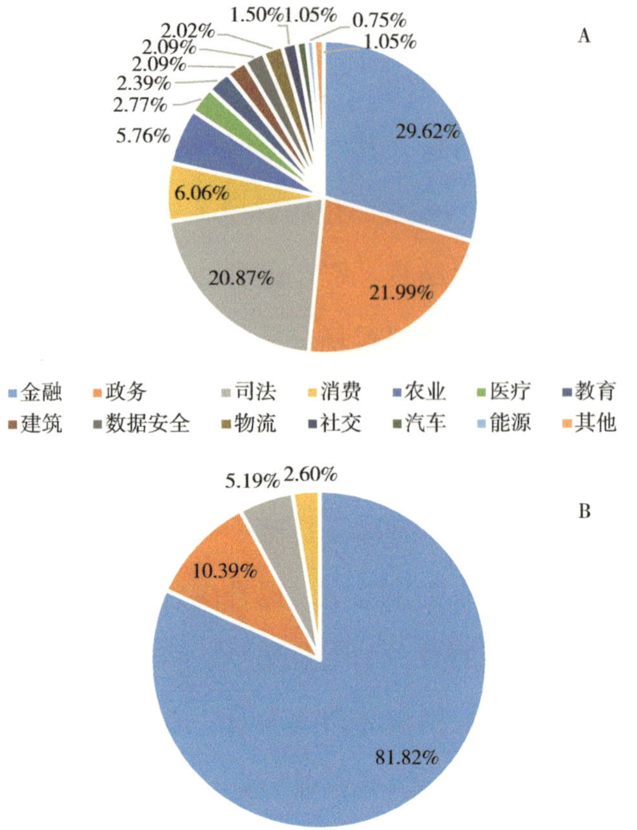

A—区块链行业应用；B—区块链农业应用。

图 5–2　区块链行业应用占比图

区块链农业应用发展迅速，整体呈现上升趋势。对比分析区块链在农业行业与金融、政务和司法 3 个领先行业的应用项目数量变化趋势（图 5–3）得出，金融、政务和司法行业的区块链项目数量随时间变化呈“U”形（金融领域）或波浪形（政务领域、司法领域）。其

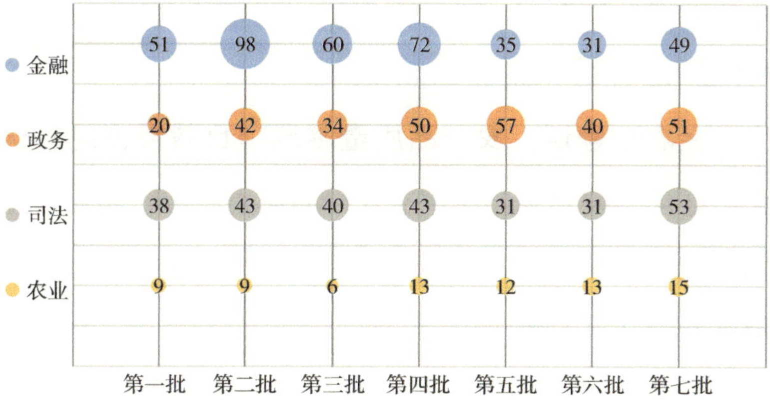

图 5–3　区块链应用项目随时间分布图

中，金融行业在第二批（2019 年 10 月）备案中备案 98 个项目，达到峰值，远超其他行业，自此金融行业应用项目呈现降低趋势。区块链在政务行业应用处于波浪发展状态，在第一批（2019 年 3 月）有 20 个备案项目，此后区块链在政务行业的应用不断增多，至第五批（2021 年 6 月）备案项目数超越金融行业达到顶峰，在第六批（2021 年 11 月）备案项目数量开始回落，到第七批（2022 年 3 月）备案项目数量呈现小幅增长，整体呈现曲折发展状态。与项目数量排名靠前的应用领域相

比，区块链在农业行业应用发展迅速，整体呈现上升趋势。备案项目数量从第一批（2019 年 3 月）的 9 个增至第七批（2022 年 3 月）的 15 个，增幅 66.67%，呈现出较快的增长势头。

5.1.2 农业应用场景布局

在农业领域，农产品质量溯源项目数量占绝对优势。区块链技术主要应用于农产品质量溯源、农业物联网、农业供应链管理和农业金融 4 个农业应用场景中，但其发展并不均衡。

农产品质量溯源应用项目数量优势显著，共计 63 个，占全部农业应用项目的 81.82%，将区块链技术应用于农产品质量溯源，利用区块链技术可解决传统农产品溯源存在的数据壁垒和中心化等问题。一些技术研发企业和高校在国家和地方政策支持下都积极布局区块链技术在农产品溯源中的应用。比较知名的项目有中食链技术有限公司开发的“中食链”、沃尔玛（中国）投资有限公司开发的沃尔玛“区块链食品安全追溯”与云南易见纹语科技有限公司开发的“茶纹链”。

农业物联网场景应用项目数为 8 个，在农业领域位居第二。将物联网和区块链技术相结合，使设备实现自我管理和维护，有助于提升农业物联网的智能化和规模化水平。比较知名的项目有上海连陌信息技术有限公司开发的“步步鸡”，实现了真正的养殖业数字化发展。

农业供应链管理是区块链在农业领域的另一应用场景，但仅有 4 个应用项目。将区块链技术应用于农业供应链管理，利用区块链分布式记录和存储特性将农业供应链各参与方连接起来，实现供应链管理透明化，有效解决各参与主体间信息不对称问题。比较知名的项目有华智生物技术有限公司开发的“华智生物链农作物种质资源交流交易平台”，此平台利用区块链技术，实现种质数据资产的权属确认、数据交易、权益分配，充分保护数据隐私安全，实现种质数据安全合规有序共享。

农业金融场景应用项目数为 2 个，利用区块链不可篡改性在农业金融方面建立了“无须任何可信第三方”的信任机制，解决农业贷款难、理赔少、交易慢的问题。其中，重庆小富农康农业科技服务有限公司开发的“小康链”采用农业产业链金融服务模式，搭建了以金融要素为主导的农业综合服务平台，有效解决了农业金融中的信任问题。民熙（深圳）供应链科技有限公司开发的“识物链”利用区块链技术构建可信数字仓单，实现粮食产业资产数字化，帮助中小企业解决融资难题。

农业物联网、农业供应链管理和农产品质量溯源这3个区块链农业应用场景均呈现出快速发展趋势，发展潜力较大。随着时间的推进，农业物联网、农业供应链管理和农产品质量溯源3个应用场景的项目数量均呈现上升趋势，其中，农业物联网、农产品质量溯源第七批次备案项目数量较第一批次备案项目数量的增长幅度分别为200%和71.43%，呈现出快速发展趋势，发展潜力较大（图5-4）。此外，农业金融场景的项目数量发展较缓，仅在第二批和第四批各备案1个项目。

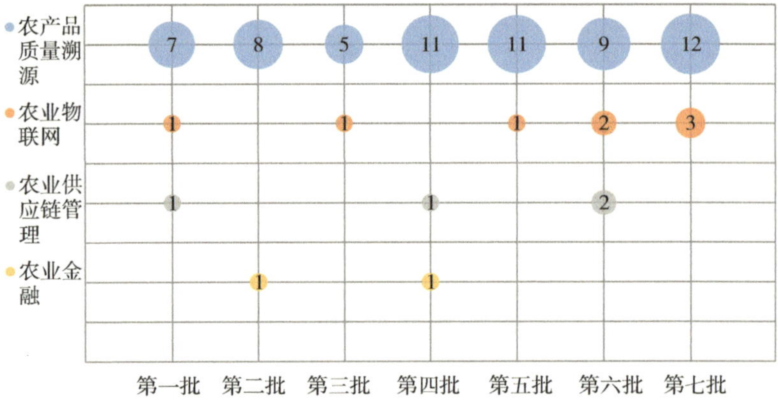

图5-4　区块链农业应用项目随时间分布图

5.2 应用主体布局

5.2.1 应用主体整体布局

区块链项目数量大于 4 个的企业共有 32 家，高新技术企业和小微企业占主导地位，均有 25 家；科技型中小企业位居第二，共 15 家；国有企业和专精特新企业均有 6 家。不同类型主体特征见表 5–1，区块链项目数量大于 4 个的企业分布见表 5–2。

表 5–1 不同类型主体概念、特征

主体类型	概念	特征
小微企业	具体包含小型、微型、家庭作坊式企业。根据相关法律和国务院发展意见可知，小微企业的从业人员数量较少但存在于各行各业，其营业收入、资产数值等无法与大型企业相提并论。从税务角度看，从事国家非限制和禁止行业，满足从业人数不超过 300 人、资产总额不超过 5 000 万元、年度应纳税额不超过 300 万元的企业，可以被称为小微企业	机制灵活、专精、产业聚集、文化包容

续表

主体类型	概念	特征
高新技术企业	是指在《国家重点支持的高新技术领域》内，持续进行研究开发和技术成果转化，形成企业核心自主知识产权，并以此为基础开展经营活动，在中国境内（不包括港、澳、台地区）注册一年以上的居民企业。是知识密集、技术密集的经济实体	高效益、高智力、高投入、高竞争、高风险、高潜能
科技型中小企业	依托一定数量的科技人员从事科学技术研究开发活动，取得自主知识产权并将其转化为高新技术产品或服务，从而实现可持续发展的中小企业	科技含量高、建设所需资金少、建成周期短、决策机制灵活
国有企业	是指国务院和地方人民政府分别代表国家履行出资人职责的国有独资企业、国有独资公司以及国有资本控股公司，包括中央和地方国有资产监督管理机构和其他部门所监管的企业本级及其逐级投资形成的企业	企业产权结构多元化、具有独特管理模式、高度重视企业战略和企业文化、具备较高的经营效率和很强的市场竞争力
专精特新企业	指专业化、精细化、特色化、新颖化的中小企业，原则上注册并经营两年以上，具有独立法人资格，符合国家中、小、微型企业划分标准，拥有“专精特新”产品（技术），生产经营状态良好的企业	企业应用新技术大力发展专业化生产，取得一定技术突破

续表

主体类型	概念	特征
高校	是大学、学院、独立学院、高等职业技术大学、高等职业技术学院、高等专业学校的统称	具有人才集中、设备较全、机构灵活的特点，具备科研优势
世界性连锁企业	连锁企业是指采用连锁经营方式、将多个分店组成一个整体的企业形式，世界性连锁企业是指在世界范围内分布、发展的连锁企业	具有雄厚的资金、成熟的技术，并善于利用高新技术提高企业产品水平，带有明显的网络时代特征，善用电子商务的形式扩展市场，市场份额较大

表 5–2　区块链备案项目数超 4 个的企业汇总

序号	公司名称	类型	备案项目数 / 个
1	江苏荣泽信息科技股份有限公司	高新技术企业、科技型中小企业	12
2	蚂蚁区块链科技（上海）有限公司	高新技术企业、小微企业	12
3	深圳壹账通智能科技有限公司	国有企业、高新技术企业	11
4	远光软件股份有限公司	高新技术企业	11

续表

序号	公司名称	类型	备案项目数/个
5	北京联合天成价值网络科技有限公司	高新技术企业、小微企业	10
6	北京同邦卓益科技有限公司	高新技术企业	9
7	安徽高山科技有限公司	高新技术企业、科技型中小企业、小微企业	8
8	博雅正链（北京）科技有限公司	专精特新企业、高新技术企业、小微企业	8
9	湖南和信安华区块链科技有限公司	高新技术企业、科技型中小企业、小微企业	8
10	湖南智慧政务区块链科技有限公司	高新技术企业、科技型中小企业、小微企业	8
11	北京宏链科技有限公司	高新技术企业、小微企业	7
12	杭州趣链科技有限公司	专精特新企业、高新技术企业	7
13	昆明煜泽网络科技有限公司	小微企业、科技型中小企业	7
14	浙江富润数链科技有限公司	科技型中小企业、小微企业	7
15	江苏通付盾科技有限公司	高新技术企业、专精特新企业、小微企业	6
16	上海保险交易所股份有限公司	小微企业	6

续表

序号	公司名称	类型	备案项目数/个
17	上海玳鸽信息技术有限公司	高新技术企业、科技型中小企业、小微企业	6
18	上海万向区块链股份公司	专精特新企业、高新技术企业	6
19	深圳市腾讯计算机系统有限公司	高新技术企业、小微企业	6
20	苏州同济区块链研究院有限公司	国有企业、高新技术企业、科技型中小企业、小微企业	6
21	招商银行股份有限公司	国有企业、小微企业	6
22	中信梧桐港供应链管理有限公司	国有企业、高新技术企业、科技型中小企业、小微企业	6
23	北京百度网讯科技有限公司	高新技术企业	5
24	北京常名科技有限公司	高新技术企业、小微企业	5
25	北京众享比特科技有限公司	专精特新企业、高新技术企业、科技型中小企业、小微企业	5
26	德方智链科技（深圳）有限公司	高新技术企业、小微企业	5
27	广东中科智能区块链技术有限公司	高新技术企业、科技型中小企业、小微企业	5
28	杭州下笔有神科技有限公司	小微企业	5

续表

序号	公司名称	类型	备案项目数/个
29	南京金宁汇科技有限公司	高新技术企业、科技型中小企业、小微企业	5
30	熵链科技（福建）有限公司	科技型中小企业、小微企业	5
31	上海柚子工道物联技术有限公司	国有企业、科技型中小企业、小微企业	5
32	迅鳐成都科技有限公司	国有企业、高新技术企业、科技型中小企业、小微企业、专精特新企业	5

高新技术企业积极发展区块链应用项目，企业个数和项目个数均位于首位。

深圳市腾讯计算机系统有限公司（以下简称腾讯）共备案6个应用项目，在高新技术企业布局区块链的队列中，腾讯是较早起步的，腾讯在2015年底自主研发区块链底层技术，2017年完成底层技术完整积累，2018年进入商业应用阶段，将区块链应用于供应链金融、腾讯微黄金、物流信息、法务存证、公益寻人等多个领域。在2019年3月，腾讯备案“腾讯区块链”，为业务场景构建安全高效的解决方案，备案“腾讯云TBaaS区块链服务平台”，帮助用户轻松创建和管理区块链网络。2022 年，腾讯备案“腾讯云数链通数据共享与隐私计算平台”，依托区块链、隐私计算等技术打造数据安全可信共享的基础设施，积极推动数据要素可信共享融合。备案“腾讯云分布式身份平台”，为实体之间跨系统、跨边界的可信身份识别和数据交换提供坚实的可信基础设施。备案“腾讯区块链智能计算中心”和“至信数字文创链”两个应用项目，解决数字应用过程中数据隐私、安全权属问题和版权全生命周期的保护问题。

北京百度网讯科技有限公司（以下简称百度）共备案 5 个应用项目。早在 2015 年，百度通过投资和技术研究开始了区块链技术方向和相关工作的探索，到 2018 年百度正式推出了自主研发的区块链底层系统——百度“超级链”，并在 2019 年 3 月对百度超级链项目进行了备案。此后，百度备案了百度“图腾”，利用区块链解决图片版权问题，还备案“百度区块链引擎 BBE”“可信计算平台 BCP”和“可信数字身份 BIP”3 个服务平台，以支持中小企业的链上创新。

远光软件股份有限公司表现也较为突出，共计备案 11 个应用项目。其覆盖范围较为广泛，如在消费领域开发备案“区块链商品溯源”“区块链绿电溯源系统”2

个应用项目，在政务领域开发备案“区块链捐赠管理平台”，在司法领域开发备案“区块链电子签约平台”，在能源领域开发备案“区块链分布式能源交易”等。

北京联合天成价值网络科技有限公司、北京同邦卓益科技有限公司、安徽高山科技有限公司、湖南和信安华区块链科技有限公司、湖南智慧政务区块链科技有限公司等 15 家企业备案项目数均超过 5 个。

高新技术企业以自主知识产权为核心竞争力，以持续追踪、创造和转化领域内最高、最新科学技术为基本要求。并且，高新技术企业的研究开发经费比例较高，为区块链技术的研发提供了一定的资金支持。其次，创新是高新技术企业发展灵魂，其高创新性为区块链的利用提供了可能。此外，高新技术企业聚集了高端人才、先进理论或技术，为区块链技术发展提供了技术基础。

小微企业在区块链应用中的表现优异，应用项目数量超 4 个的企业数量与高新技术企业相同。

蚂蚁区块链科技（上海）有限公司（以下简称蚂蚁区块链）备案项目最多，共备案 12 个应用项目。蚂蚁区块链成立于 2018 年，2019 年 3 月备案第一个项目“蚂蚁区块链 BaaS 平台”，该平台具有高性能、强隐私保护特点，可帮客户轻松快速搭建各类场景下的区块链应用。2020 年 4 月，蚂蚁区块链备案“司法区块链项目”，利用区块链让电子数据的生成、存储、传播和使用实现全流程可信。2020 年 10 月，蚂蚁区块链备案“链上公益计划”“数字版权服务平台”“开放联盟链”3 个项目，实现公益捐款流向跟踪、原创作品从登记到维权全流程追踪，并为中小企业开发者提供了低成本的区块链服务网络。2021 年 6 月，蚂蚁区块链备案项目增加 6 个，分别为“数字物流解决方案”“证明助手”“蚂蚁链租赁平台”“区块链合同”“蚂蚁链授权宝”和“区块链财政票据平台”，将区块链应用于物流、司法、金融等多个领域。2021 年 11 月，蚂蚁区块链备案“蚂蚁链物权宝”项目，促进企业知识产权、专利权益及权益产品在线上和线下场景中的应用与流通，激活千亿级物权资产。

昆明煜泽网络科技有限公司、上海保险交易所股份有限公司、上海玳鸽信息技术有限公司等 15 家企业备案项目数均超过 5 个。

为支持小微企业发展，政府出台一系列增值税和企业所得税的优惠政策，帮助发展区块链的企业节省开支，企业因此有了更多的资金可用于技术的创新与应用。此外，小微企业机动灵活，面对竞争环境的变化能做出快速反应，降低了区块链技术的发展风险。

科技型中小企业利用其密集的技术、超强的创新能力开发众多区块链项目。

江苏荣泽信息科技股份有限公司（以下简称荣泽信息）作为科技型中小企业代表，共开发 12 个应用项目，数量位居首位。该公司依托区块链技术与政府、金融机构、众多品牌企业合作，在社会公共服务、政务、消费、医疗等众多领域进行应用探索。荣泽信息独立自主研发“荣泽区块链云服务平台”，为区块链应用的开发和运维人员提供区块链服务，帮助用户和企业创建、管理和维护企业级区块链网络。平台具有快速部署、方便易用、安全可靠等特性，能够有效降低区块链网络及应用的开发及运维成本。在金融领域代表性应用有“荣泽科技基于区块链技术的普惠金融平台”“荣泽基于区块链技术的政府科技创新服务支付平台”等。政务领域代表性应用有“荣泽区块链政务事项存证平台”“荣泽区块链电子公文流转平台”“荣泽区块链可信数字存证平台”等。荣泽信息已助力南京市政府实现政务数据与金融数据的有序共享，促进全社会的可信数据协同共享。

安徽高山科技有限公司、湖南和信安华区块链科技有限公司、浙江富润数链科技有限公司等8家科技型中小企业开发备案项目数均超过5个。

科技型中小企业具有高度的研发和创新能力，为区块链技术的创新提供了技术支持。此外，科技型中小企业关注市场的需求和变化，能够快速推出适应市场的区块链产品和服务。并且，科技型中小企业可获得政府机构、行业协会等的投资支持，提升区块链科技型中小企业的资本实力，降低融资成本。

国有企业加快打造区块链技术策源地，形成一批区块链骨干企业，产出系列领先水平的科技成果。

中国平安集团旗下深圳壹账通智能科技有限公司在金融端的投、保、消、贷等领域开发备案11个区块链相关项目，上海保险交易所股份有限公司、苏州同济区块链研究院有限公司和中信梧桐港供应链管理有限公司备案应用项目数量均高达6个，上海柚子工道物联技术有限公司和迅鳐成都科技有限公司区块链备案应用项目数量均为5个。国有企业通过商业创新，顺应时代发展，研发区块链应用项目提升国有企业创新力，推动经济高质量发展，提高国有企业整体效益。

国内多家国有银行机构参与区块链应用探索。招商银行股份有限公司加入区块链研究队列中，开发备案“金融同业数字协议签约平台”“区块链 ABS 业务管理系统”“中建产业互联网协同平台”“区块链跨境创新支付平台”“股权激励管理系统”等应用项目，减少了交易中间环节，增强了数据安全性。金融机构应用区块链技术为用户提供更多智能化金融服务，提升金融服务效率。

5.2.2 农业领域应用主体分析

我国区块链农业应用项目呈现以小微企业、科技型企业为主导，多类型企业共存的发展态势。区块链农业应用主体包含小微企业、科技型中小企业、高新技术企业、国有企业、专精特新企业、高校和世界性连锁企业等多种类型。不同类型的主体数量与所备案项目数量变化趋势一致，即主体数量多的主体类型所备案的项目数量也较多（图 5–5）。

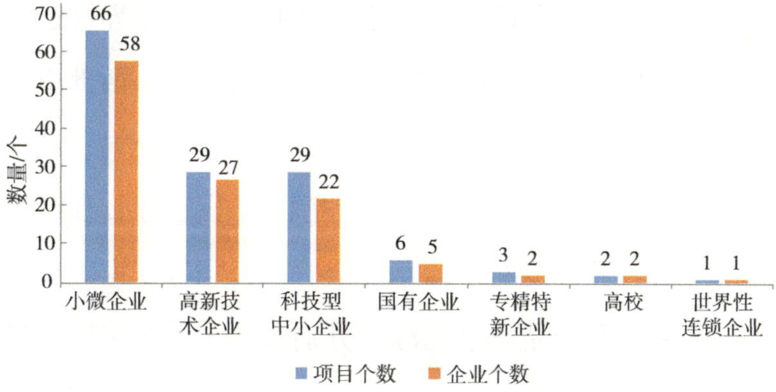

图 5–5 不同类型企业的项目个数与主体个数对比图

小微企业和科技型企业是区块链农业应用的主力军，引领区块链农业发展。58 家小微企业共计备案了 66 个区块链农业应用项目，占全部区块链农业备案应用项目总数量的 85.71%。农业资源具有分散性和周期性特征，发展农业必须重视微观主体的能动性。农业小微企业是国民经济发展的重要基础，是创业富民的重要渠道，具有与农民联系密切的特点，在推动小城镇建设、改善民生、搞活市场经济方面起到重要作用；49 家科技型企业备案区块链农业应用项目，包含 27 家高新技术企业、22 家科技型中小企业，共计备案了 58 个区块链农业应用项目。两种类型企业均以科学技术研发为主，为区块链农业应用发展提供了创新技术源泉。

国有企业、专精特新企业、事业单位和世界性连锁企业也纷纷参与到了区块链农业应用项目中。西部电子商务股份有限公司、云南易见纹语科技有限公司、北京福通云创科技有限公司、灵锡互联网（无锡）有限公司和中国电子科技网络信息安全有限公司等5家国有企业重点聚焦农产品质量溯源，分别开发了“基于区块链的农产品分级溯源”“茶纹链”“鑫安链产品溯源”“工麻云”“无锡市进口冷链食品申报追溯系统”“信链臻品”等应用项目。国有企业作为贯彻落实国家发展战略规划、引领产业发展方向的经营主体，有基础、有条件、有义务推动乡村振兴发展，国有企业以当地政策为导向，营造了良好的产业区块链发展生态。专精特新企业具有专业化、精细化、特色化和新颖化的特征，专精特新企业专注核心业务并进行精细化管理，具有开展技术创新的优势，有利于区块链技术的专业化研究，特色化发展。浙江天演维真网络科技股份有限公司和河北华烨冀科信息技术有限责任公司2家专精特新企业备案了3个区块链农业应用项目。其中，浙江天演维真网络科技股份有限公司深耕农业行业17年，通过数字化技术助力乡村产业发展，推动乡村全面振兴，其开发“基于区块链技术的农产品溯源备案管理系统”“基于区块链技术的农产品溯源云平台”，让数字技术为乡村振兴赋能。河北华烨冀科信息技术有限责任公司是河北省科学院下属重点企业之一，成立于2003年9月，同样是专精特新企业，其开发“食品追溯平台”助力农业数字化发展。高校是区块链学术和技术攻坚基地，有2家高校加入区块链农业应用研发阵营，共备案了2个区块链农业应用项目。其中，北京航空航天大学云南创新研究院开发的“云南生物资源链”，依托区块链技术，对特色动植物、微生物、生物医药科学数据领域开展数字化和治理，开展可信数据资产确权、追溯、分布式存储以及基于区块链智能合约的数字资产交易，实现优势资源的数字化开发利用，为濒危动物保护提供数字支撑。西南林业大学基于FISCO BCOS开发安全可控区块链基础服务平台“西林链”，可针对不同硬件环境采用不同部署方式，并在农业领域落地应用。高校作为国家创新体系的重要组成部分，将发展科技第一生产力、培养人才第一资源、增强创新第一动力结合起来，有效支撑了我国教育、科技和经济社会发展，为区块链技术发展提供了新阵地。沃尔玛作为世界性连锁企业开发“沃尔玛区块链食品安全追溯”，将超市农产品上链，保障了食品的质量安全，提高了食品安全可追溯性。

农业应用主体总体发展较为平稳。小微企业在农业应用主体中一直处于主力地位，且发展较为平稳，七个批次项目备案中，小微企业数量均多于其他类型企业。高新技术企业和科技型中小企业两类科技型企业发展也较为平稳，七个批次的备案项目数量交错变化，分别占据第二和第三的位置。整体看高新技术企业项目备案数量和科技型中小企业持平。随着国家对智慧农业的重视与支持，越来越多的企业加入区块链农业应用队伍中。国有企业也较早布局了区块链农业应用，在第二批次（2019 年 10 月）区块链备案项目中备案 1 个区块链农业应用项目，此后保持平稳的发展趋势。专精特新企业和高校均在第五批次备案项目中（2021 年 6 月）备案了其第一个应用项目，并于第七批次（2022 年 3 月）备案项目中备案了其第二个应用项目。专精特新企业和高校呈现相同的发展态势，虽然研究起步较晚，但保有持续跟进的态势。总体来讲，随着时间的推进，从事区块链农业应用开发的企业类型呈现多元化发展态势（图 5–6）。

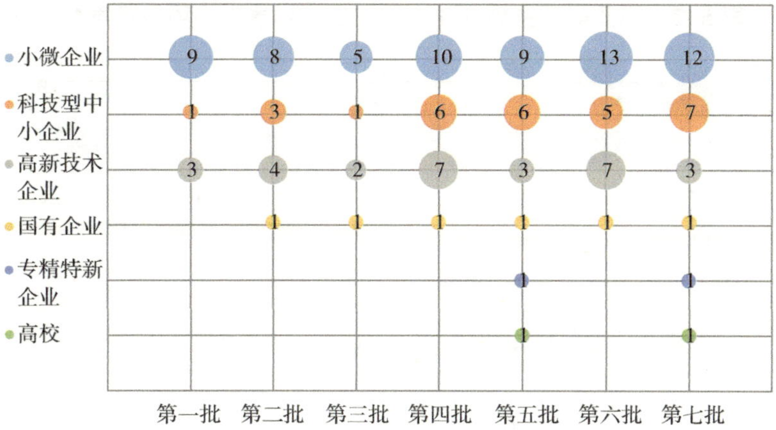

图 5-6　不同类型主体备案项目数量随时间变化气泡图

7 类主体在 4 个农业应用场景中发展不均衡，其中农产品溯源应用场景最为热门。仅有小微企业和高新技术企业对农产品质量溯源、农业供应链管理、农业金融、农业物联网 4 个农业应用场景进行了全面布局，小微企业在 4 个农业应用场景中备案项目数量优势突出。农产品质量溯源是各类主体的热门应用，80% 以上的项目均与农产品质量溯源相关。其中，国有企业、专精特新企业和世界性连锁企业这 3 类主体仅布局了农产品质量溯源这一应用场景（表 5-3）。

表 5–3 不同类型主体在 4 个农业应用场景中的项目备案数量

（单位：个）

主体类型	农产品质量溯源	农业物联网	农业供应链管理	农业金融
小微企业	53	7	4	2
科技型中小企业	28	1		
高新技术企业	26	1	1	1
国有企业	6			
专精特新企业	3			
高校	1	1		
世界性连锁企业	1			

小微企业对 4 个农业应用场景进行了全面布局，在 4 个农业应用场景的项目数量均排名第一，助力区块链农业应用全面发展。在农产品质量溯源方面备案“中食链”“超极探针食品快检系统”“区块链产品质量安全溯源系统”等 53 个应用项目，占全部农产品质量溯源项目数量的 84.13%。在农业物联网方面备案“基于区块链的农民工动态监管平台”“农牧链 – 基于区块链的畜牧存活凭证平台”“以区块链服务中国数字农业产业互

联网”等7个应用项目，占全部农业物联网项目数量的87.5%。在农业供应链管理方面，备案“朝阳供应链区块链农产品服务平台”“中批慧农区块链管理平台”“华智生物链农作物种质资源交流交易平台”和“易优粮供应链服务平台”等4个应用项目，占全部农业供应链管理项目数量的100%。在农业金融方面备案“小康链”和“识物链”2个应用项目，占全部农业金融项目数量的100%。

科技型中小企业和高新技术企业均备案29个区块链农业项目，项目数量排名并列第二。科技型中小企业聚焦于农产品质量溯源领域，在农业其他领域布局不足。共备案29个农业项目，其中，28个为农产品质量溯源相关项目，农业物联网相关项目仅有1个。高新技术企业共备案农产品质量溯源项目26个，在该应用场景项目数量排名第三。此外，高新技术企业开始重视在农业物联网、农业供应链管理和农业金融3个应用场景的布局，分别备案了1个相关项目。

高校作为后期加入区块链农业领域的主体，布局了农产品质量溯源和农业物联网2个区块链应用场景，分别备案1个相关项目。

国有企业、专精特新企业、世界性连锁企业区块链农业应用项目涉猎场景较为单一，仅局限于农产品质量溯源相关项目的开发，备案项目数量分别为 6 个、3 个和 1 个。

5.3 区域分布分析

5.3.1 应用领域整体布局

我国区块链应用项目主要分布于沿海区域。基于对中央网信办备案的 1 705 个区块链应用项目分析得到，我国区块链应用项目主要聚焦在以北京市、山东省为主的环渤海区域，以江苏省、上海市、浙江省为主的长江三角洲区域和以广东省、福建省为主的珠三角区域。此外，以云南省、四川省、重庆市为主的滇蜀渝地区区块链应用项目分布也较为集中（图 5–7）。北京市区块链应用项目数量以 26.51% 的占比位居全国首位，以北京市为代表的环渤海区域信息基础设施建设良好、人才聚集、互联网经济发达，有利于区块链新兴技术发展与应用。广东省区块链应用项目数量占全部区块链应用项目数量的 19.53%，排名第二，以广东省为代表的珠三角区域经济发展实力较强并汇集众多电商互联网企业，促

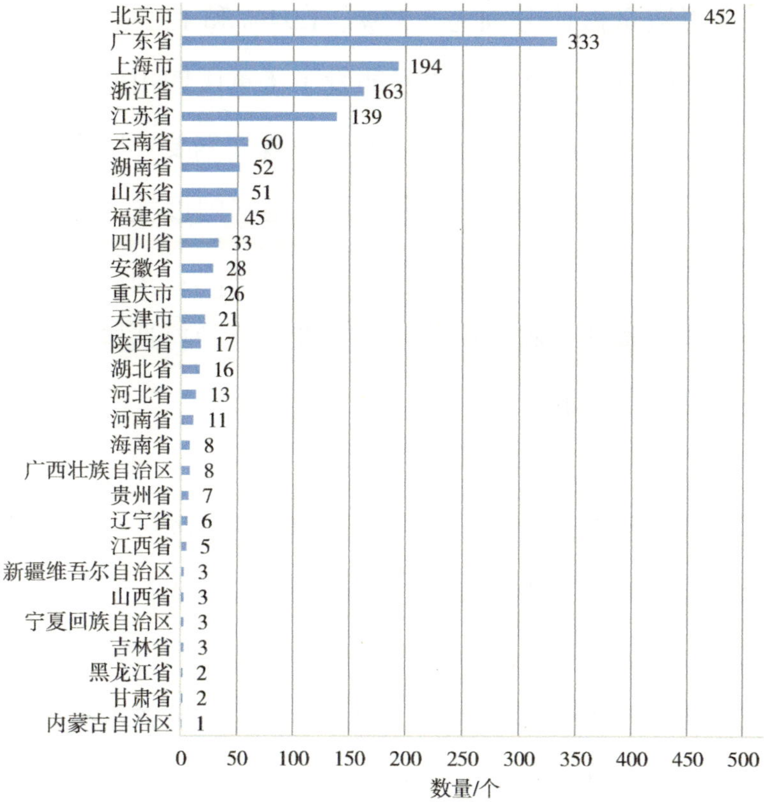

图 5-7　不同省（区、市）区块链应用项目数量分布图

进了区块链等技术发展。上海市区块链应用项目数量占全部区块链应用项目数量的 11.38%，居于第三位，以上海市为代表的长江三角洲区域经济基础良好，创新创业较为活跃。滇蜀渝地区居于西南内陆，虽然科技基础相对较弱，技术发展较晚，但政府重视并积极推进区块链应用落地，云南省、四川省、重庆市备案的区块链应用项目数量占比分别为 3.52%、1.94% 和 1.52%。其中，重庆市政府在 2021 年 12 月印发了《重庆四川两省市贯彻落实〈成渝地区双城经济圈建设规划纲要〉联合实施方案》，要求加快建设区块链等新型基础设施，建设区块链“星火·链网”超级节点和骨干节点，拓展“蜀信链”服务基础设施城市节点和行业节点，打造国家级区块链发展先行示范区。

5.3.2 农业领域应用区域分布

全国共有 16 个省（区、市）开展了区块链农业应用，但区域分布不均衡，主要分布在云南省，其次是北京市、广东省、上海市等地区（图 5–8）。

云南省项目数量最多，共 22 个。云南省生态环境优越，农产品众多，当地政府积极引导企业创新生产技术，提高农产品质量和品牌影响力。2021 年，云南省人民政府办公厅印发《云南省支持区块链产业发展若干措施》，共提出 10 条政策措施，包括支持区块链新型基础设施建设、加强区块链政务应用引领、培育区块链产业应用市场、打造区块链应用示范标杆、支持云南省区块链中心建设运营、推动区块链信息服务主体做大做强、支持区块链企业上市、加大基金支持力度、加强区

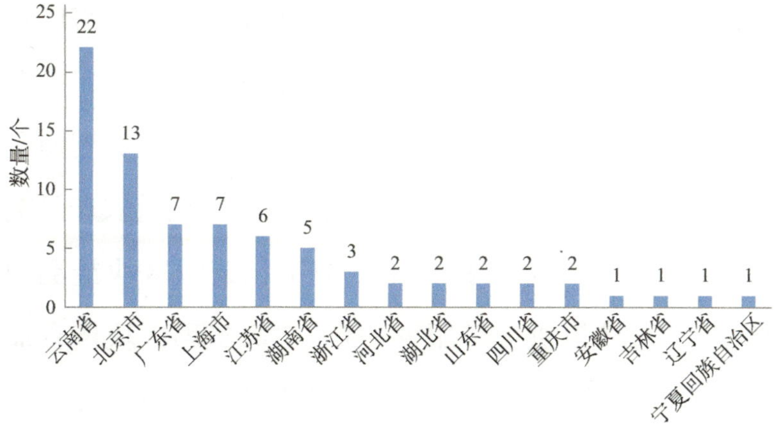

图 5–8　区块链农业项目区域分布图

块链人才培养和引进以及打造区块链交流平台。多项创新突破措施紧扣全省特色和优势的重点探索领域，极大地推进了云南省区块链农业应用发展。云南推出了“茶纹链”“普洱茶品质链”“双江茶链”等 8 个项目对云南茶产品进行质量溯源，推出“数字文山三七区块链溯源”“云南中药材追溯区块链”对云南当地中药材进行质量溯源。此外，还推出“云南核桃产品质量区块链追溯平台区块链系统服务”“基于区块链技术的咖啡溯源”“工麻云”“元阳红米链”等项目实现对云南多种特色产品的品质追溯与保障。

北京市、广东省和上海市备案项目数量分别为 13 个、7 个和 7 个。作为一线城市，北上广地区经济发展实力较强，科技水平较为领先，对新技术接受与应用能力较强，在农业领域进行了较为成熟的应用，如北京市推出了“中食链”“智真链（Salix）区块链溯源平台”“区块链产品质量安全溯源系统”“区块链农产品溯源系统”等，广东省推出了“数字化茶园区块链溯源平台”“易优粮供应链服务平台”“沃尔玛区块链食品安全追溯”等，上海市推出了“基于区块链的食安追溯云平台”“区块链食品安全信息追溯防伪平台”“农业区块链溯源系统”等，这些项目实现了对农产品质量的溯源。江苏省、湖南省和浙江省的区块链农业备案项目数量为 3 ～ 6 个，这些地区大力发展培育高新技术企业，孵化了一批行业细分领域的技术企业，为区块链农业的发展创造了良好条件，如江苏省推出了“朝阳供应链区块链农产品服务平台”、湖南省推出了“华智生物链农作物种质资源交流交易平台”，实现了对农产品、农作物资源的智能管理与服务，此外，江苏省推出“农业区块链防伪溯源系统”“农产品质量安全溯源信息上链与查询服务”“恒为区块链农产品溯源平台”等。浙江省推出“基于区块链技术的农产品溯源备案管理系统”“基于区块链技术的农产品溯源云平台”“北斗征链”实现对农产品的追溯与防伪。区块链在农业领域应用的快速发展离不开各省（区、市）的政策扶持。2020年，江苏省发布《关于加快推进区块链技术和产业创新发展指导意见》，作为江苏省出台的第一个关于区块链的省级专项扶持政策，该项政策根据全球区块链技术和产业发展趋势，结合江苏省区块链技术和产业发展现状，以提升区块链技术创新能力为主攻方向，以推动区块链和实体经济深度融合为重要抓手，从技术研发、产业培育、典型应用等方面对江苏省区块链技术和产业发展作出系统部署，江苏省通过政策的扶持加快打造涵盖核心技术、关键系统、支撑平台和集成应用的完备产业链和高端产业群。同年，湖南省印发了《湖南省区块链发展总体规划（2020—2025年）》，提出要建设全省农产品质量追溯平台，运用区块链提升乡村治理能力，助推乡村金融发展，推动生物育种产业链创新发展，推进集体土地确权流转和有效利用，建立农业农村大数据体系，推动农机产业数字化转型。湖南省加快建设区块链技术创新体系，构建区块链产业生态体系，探索区块链在社会综合治理和民生领域的应用。

河北省、湖北省、山东省、四川省、重庆市等省（市）信息技术相对薄弱，农业研究相对落后，区块链在农业领域应用项目较少，均未超过3个。

仅云南省区块链农业应用项目呈现增长趋势。自2020年10月云南省首次涉足区块链农业领域，云南省区块链农业应用项目数量一路走高，至2022年3月已有9个区块链农业应用项目，领先全国。云南省在区块链农业应用的优异表现离不开政策的持续支持，自2021年云南出台10条措施支持区块链产业发展后，2022年云南省人民政府发布了《云南省数字经济发展三年行动方案（2022—2024年）》（以下简称《行动方案》），《行动方案》在发展目标中提到要聚焦制造业、服务业、农业等领域数字化转型需求，大力推广5G、人工智能、物联网、区块链等技术应用，打造省级标杆应用示范，牵引带动经济社会各行业数字化转型。值得注意的是，《行动方案》中多次提及“区块链”一词，从技术到应用及产业发展方向等均有明确发展规划。

其他省（区、市）的企业在区块链农业应用中的参与度呈现走低趋势。北京市在2019年3月首批应用备案中有6个项目，远超别的地区，但在之后的发展中，企业数量急剧下降，在第二批次（2019 年 10 月）、第三批次（2020 年 4 月）均未有企业参与，虽在第四批次备案（2020 年 10 月）与第五次批次备案（2021 年 6 月）情况有所缓和，但企业数量仍然较低。上海市、广东省、浙江省企业数量均呈现先增加后降低趋势。而湖北省、宁夏回族自治区、辽宁省、吉林省和安徽省企业只在某一时间点参与区块链农业应用项目，没有继续跟进发展趋势。总体看来，各省（区、市）在区块链农业领域发展呈走低趋势，还需要在继续优化营商环境和企业参与模式上下功夫，更好地激发企业的参与热情和能动性，以吸引更多的企业以及其他社会力量参与到区块链农业应用中来（表 5–4）。

表 5–4　不同省（区、市）区块链农业应用项目数量变化情况表

（单位：个）

地域	第一批	第二批	第三批	第四批	第五批	第六批	第七批	变化趋势图
云南省	0	0	0	3	4	6	9	
北京市	6	0	0	2	3	1	1	
上海市	1	3	0	1	2	0	0	
广东省	0	1	1	3	1	1	0	
江苏省	1	0	1	0	2	0	2	

续表

地域	第一批 (2019.3)	第二批 (2019.10)	第三批 (2020.4)	第四批 (2020.10)	第五批 (2021.6)	第六批 (2021.11)	第七批 (2022.3)	随时间变化趋势图
湖南省	1	0	0	1	0	2	1	
浙江省	0	1	0	2	0	0	0	
重庆市	0	1	0	0	0	0	1	
四川省	0	1	0	0	0	1	0	
湖北省	0	0	2	0	0	0	0	
河北省	0	1	0	0	0	0	1	
山东省	0	1	1	0	0	0	0	
宁夏回族自治区	0	0	1	0	0	0	0	
辽宁省	0	0	0	0	0	1	0	
吉林省	0	0	0	1	0	0	0	
安徽省	0	0	0	0	0	1	0	

5.3.3 不同农业应用场景区域分布

农产品质量溯源成为多个省（区、市）的应用热点。16个区块链农业应用省（区、市）中有14个省（区、市）对农产品质量溯源场景进行了布局。云南省在农产品质量溯源领域应用项目数量最多，有“茶纹链”“普洱茶区块链追溯系统”“区块链普洱茶追溯平台”“云南生物资源链”等20个应用项目，占该领域项目总数的 31.75%；北京市布局了 12 个农产品质量溯源项目，占该领域项目总数的 19.05%，排名第二；上海市布局了 6 个农产品质量溯源项目，占该领域项目总数的 9.52%，排名第三；安徽省、重庆市两个地区暂无农产品质量溯源项目，其余 11 个省（区、市）农产品质量溯源项目均未超过 4 个（表 5–5）。

表 5–5　不同省（区、市）区块链农业应用项目分布情况

（单位：个）

序号	地域	农产品质量溯源	农业供应链管理	农业金融	农业物联网
1	云南省	20	0	0	2
2	北京市	12	0	0	1
3	上海市	6	0	0	1
4	广东省	4	2	1	0
5	江苏省	4	1	0	1
6	湖南省	4	1	0	0
7	浙江省	3	0	0	0
8	重庆市	0	0	1	1
9	四川省	2	0	0	0
10	山东省	2	0	0	0
11	河北省	2	0	0	0
12	湖北省	1	0	0	1
13	宁夏回族自治区	1	0	0	0

续表

序号	地域	农产品质量溯源	农业供应链管理	农业金融	农业物联网
14	辽宁省	1	0	0	0
15	吉林省	1	0	0	0
16	安徽省	0	0	0	1

在农业物联网应用场景上，只有云南省、北京市、上海市、江苏省、重庆市、湖北省和安徽省 7 个省（市）进行了布局。云南省布局 2 个项目，排名第一，分别为“基于区块链的农民工动态监管平台”和“西林链”。北京市、上海市、江苏省、重庆市、湖北省和安徽省均只布局 1 个相关项目，其余 9 个省（区、市）暂无农业物联网项目。

各地区在农业供应链管理和农业金融两个场景的布局应用较少，仅有广东省、江苏省和湖南省 3 个省份布局了农业供应链管理项目，广东省布局 2 个相关项目，数量排名第一，分别为“中批慧农区块链管理平台”“易优粮供应链服务平台”。江苏省和湖南省各布局了 1 个相关项目，分别为“朝阳供应链区块链农产品服务平台”和“华智生物链农作物种质资源交流交易平台”。仅有广东省和重庆市布局了农业金融相关应用，且分别仅备案了 1 个相关项目。

大部分省（区、市）的农业应用布局较为单一，目前尚不存在 4 个应用场景全部布局的地区。仅广东省、江苏省 2 个省份区块链农业应用布局场景为 3 个。其中，广东省布局了农产品质量溯源、农业供应链管理和农业金融 3 个应用场景。江苏省布局了农产品质量溯源、农业供应链管理和农业物联网 3 个应用场景。浙江省、四川省、山东省、河北省、宁夏回族自治区、辽宁省、吉林省和安徽省等 8 个省（区）均在单一场景进行布局。其中，仅安徽省将区块链技术应用于农业物联网场景，其余 7 个地区仅应用于农产品质量溯源场景中，且项目数量不超过 3 个，说明这 8 个省（区、市）的区块链农业应用项目布局单一且发展较慢。其余 6 个省（区、市）布局了 2 个农业应用场景。各地区在区块链农业应用布局较为单一也反映出我国当前正处于区块链农业应用发展的初级阶段，在顶层设计、科技引领等方面都还需要进一步加强。

6

我国区块链农业典型应用——特色农产品溯源

特色农产品是指具有一定地域特点且为某地特有的特别著名的产品。特色农产品一般具有一定的文化内涵或历史，或者其品质与同类产品相比，无论是原料还是制品均是特优或有特色的。“特”一般是指生态环境特殊、品质特优、生产加工方式特殊、经济效益特高等。特色农产品是一个地区甚至国家的标签和名片，具有较高的市场价值和经济价值。如今，同一品种农产品在市场上数不胜数，特别是特色农产品市场竞争更加激烈，甚至有假冒特色农产品混入市场、以次充好，不但侵犯了消费者的权益，而且严重影响了特色农产品的声誉。通过建设溯源系统，可以对特色农产品溯源溯真，在一定程度上可以解决造假问题。但是传统的溯源系统数据存储在中心化的系统中，系统维护人员可以随意修改溯源数据，数据公信力差。区块链技术能实时记录和保存特色农产品从生产到销售全过程的全部信息，实现特色农产品供应链全程透明化，帮助消费者了解特色农产品从田间地头到农产品加工再到销售过程的全部信息，保障特色农产品的质量，增强特色农产品的可信度，从而杜绝特色农产品虚假问题。

本章从模式分析和经典案例剖析这两个角度对区块链在特色农产品溯源领域的应用实践进行了系统的梳理与解析。

6.1 模式分析：基于区块链的特色农产品溯源系统设计——以蜂产品为例

6.1.1 溯源系统方案设计

（1）整体结构

考虑到蜂产品“药食同源”的特点，蜂产品质量的高低直接决定了最终的疗效，也影响着品牌的口碑声誉，只有绿色、健康、符合标准的高品质蜂产品才能满足现代消费者的需求，因此区块链溯源系统的设计需要涵盖从生产到使用每一个环节中影响产品质量水平的重要信息。具体包括生产环节的蜜蜂种类、蜜源种类、采收时间、蜂病名称、用药名称、用药剂量、药品来源等信息，加工环节的日期、加工商品、收购时间、加工批号、入库时间、出库时间等信息，以及其他环节的各项重要信息。区块链溯源系统的主要流程如图 6–1 所示。

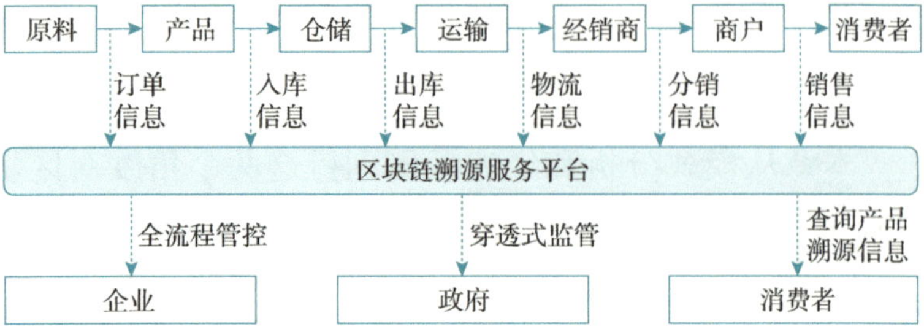

图 6–1　基于区块链的溯源流程

生产单位将蜂产品信息发送到加工节点上，加工节点获取信息并发送到区块链。涉及信息主要包括用户信息（日期、公司名称、公司地址、营业执照号、注册时间、注册法人等）和生产信息（日期、商品名称、蜜蜂种类、蜜源种类、采收时间、蜂病名称、用药名称、用药剂量、药品来源等）。加工单位、物流单位、销售单位、使用单位的操作流程也基本相同，只是各环节的信息不同。加工单位录入的主要是用户信息和日期、加工商品、收购时间、收购人姓名、收购人工号、加工批号、入库时间、出库时间等加工信息；物流单位录入的主要是用户信息、商品名称、收货时间、车牌号码、存储温度、送货员工号、日期等物流信息；销售单位录入的主要是用户信息、日期、销售商品、入库时间、出库时间、存储情况、销售地址、销售时间等销售信息；使用单位录入的主要是使用商品、使用姓名、购买时间、购买地址、使用时间等使用信息。最后，消费者进行终端的信息溯源查询，并与合格的样品信息进行比较，完成了 5 个单位对区块链溯源系统的参与和维护。

（2）溯源信息传递方案

为了实现蜂产品的全程信息可溯源，以上 5 个单位需要依次将各自环节的信息记录在标签中，然后各节点可通过 RFID、二维码等技术将信息上传至区块链存储系统中，涉及的主要信息如图 6–2 所示。同时，各节点可从系统中查询以前环节的蜂产品溯源信息。

（3）节点参与溯源系统的职责

各节点必须是经当地监管部门审定具备资格的企业或个体工商户，在监管部门登记相关必要信息并备案后，可使用溯源系统账号进入蜂产品物流溯源系统。各节点参与溯源系统的职责主要是将自身信息和产品信息等各项信息进行录入和查询。消费者购买蜂产品后只需根据产品溯源说明进入系统进行搜索查询即可。

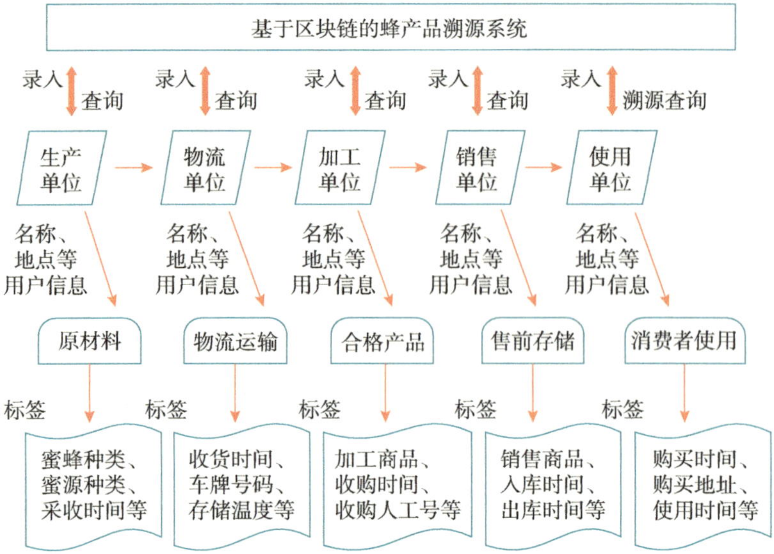

图 6–2　溯源信息的传递过程

6.1.2　溯源系统设计

（1）整体结构

溯源系统总体架构选用 B/S 架构，即“浏览器 / 服务器”模式，是从 C/S 模式发展起来的新结构模式，主要优势在于开放性强、结构易于扩展以及便于系统开发、维护、升级。溯源系统总体架构的结构设计从下往上依次是数据层、业务层、应用层，如图 6–3 所示。数据层负责对区块链数据库进行维护，并对数据进行存储、同步。业务层负责对客户端的服务请求进行处理。应用层则是用户操作功能显示界面，PC 和 Web 客户端负责汇集各个单位以及消费者溯源的主要操作。

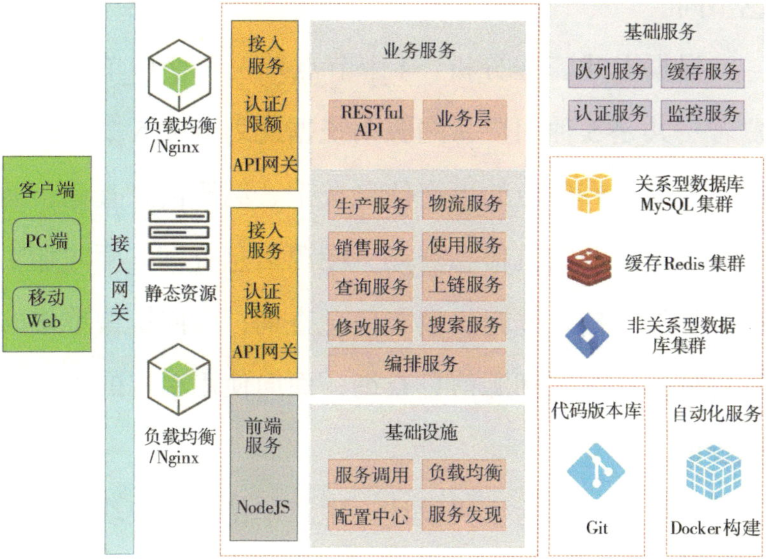

图 6–3　溯源系统总体架构

（2）功能模块划分与设计

以生产单位节点信息管理为例。生产单位的节点信息管理工作主要包括将生产信息（蜜源种类、采收时间、蜂病名称、用药名称、用药剂量、药品来源等）录入系统并存储，查询已录入的生产信息。同理，物流单位将物流信息（收货时间、车牌号码、存储温度、送货员姓名、送货员工号等）录入系统并存储，查询已录入的生产信息和物流信息。加工单位、销售单位和使用单位的节点信息管理工作基本同上，只是各环节录入的信息不同。

根据上述流程分析，4 个节点单位和使用单位即消费者一共是 5 种用户，溯源系统据此划分为 5 个功能模块：面向生产单位的生产信息登记、溯源信息查询；面向物流单位的物流信息登记、溯源信息查询；面向加工单位的加工信息登记、溯源信息查询；面向销售单位的销售信息登记、溯源信息查询；面向使用单位的产品溯源查询。

生产单位功能模块设计。生产单位维护模块中，管理员通过系统账号登录系统，完成对生产信息的录入和存储，存储成功后根据需要查询产品信息。信息记录流程如图 6–4 所示。

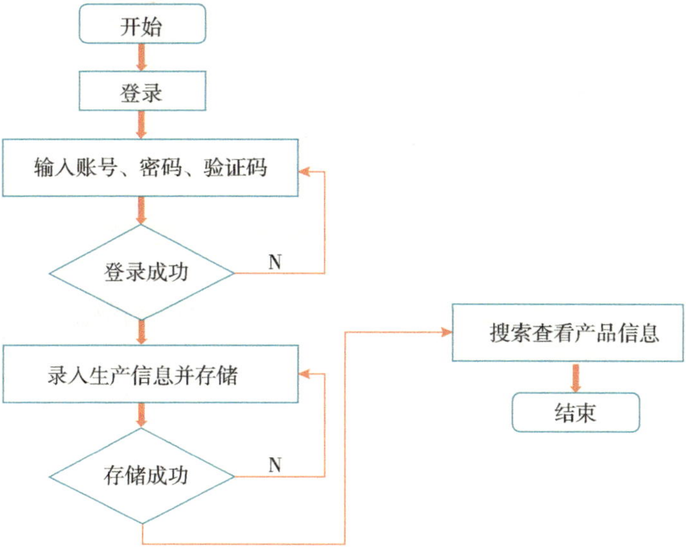

图 6–4　生产环节信息记录流程

注：N 代表不成功，返回上一步，下同。

物流单位功能模块设计。物流单位维护模块中，管理员登录系统，完成对物流信息的录入和存储，存储成功后根据需要查询产品信息。信息记录流程如图 6–5 所示。

加工单位功能模块设计。加工单位维护模块中，管理员登录系统，完成对加工信息的录入和存储，存储成功后根据需要查询产品信息。信息记录流程如图 6–6 所示。

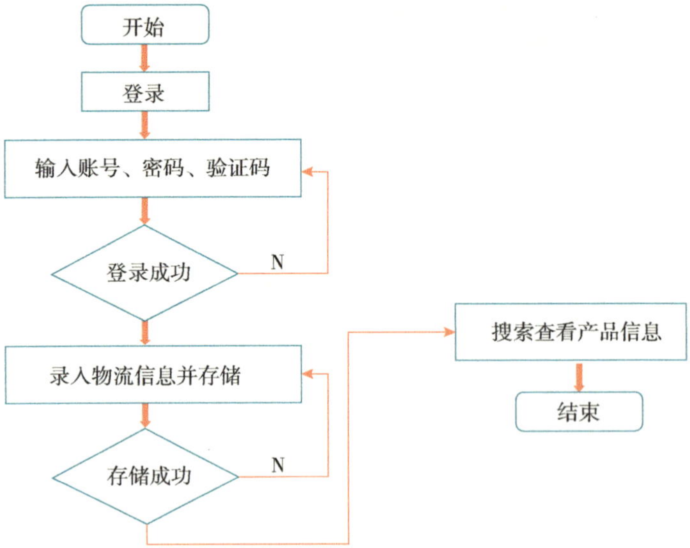

图 6–5　物流环节信息记录流程

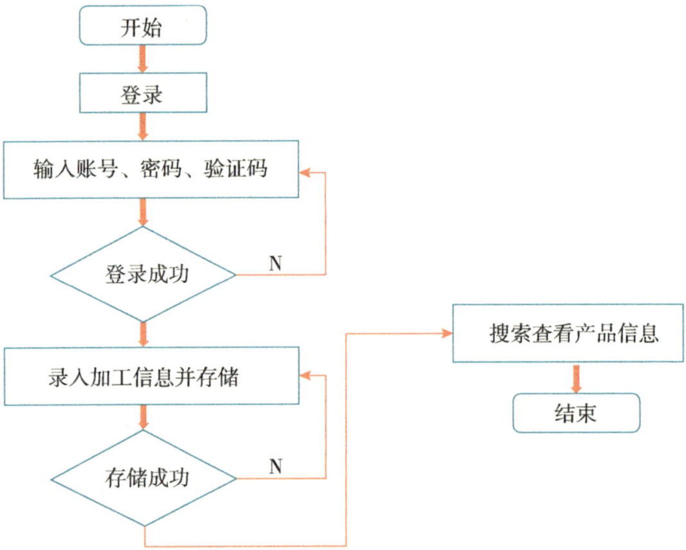

图 6–6　加工环节信息记录流程

销售单位功能模块设计。销售单位维护模块中，管理员登录系统，完成对销售信息的录入和存储，存储成功后根据需要查询产品信息。信息记录流程如图 6–7 所示。

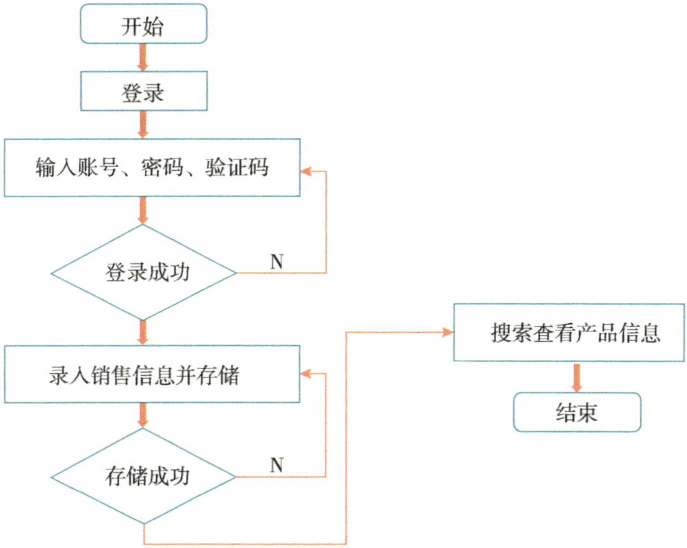

图 6–7　销售存储环节信息记录流程

使用单位功能模块设计。使用单位维护模块中，用户登录系统，完成对使用信息的录入和存储，存储成功后即可进行产品的溯源查询。信息记录流程如图 6–8 所示。

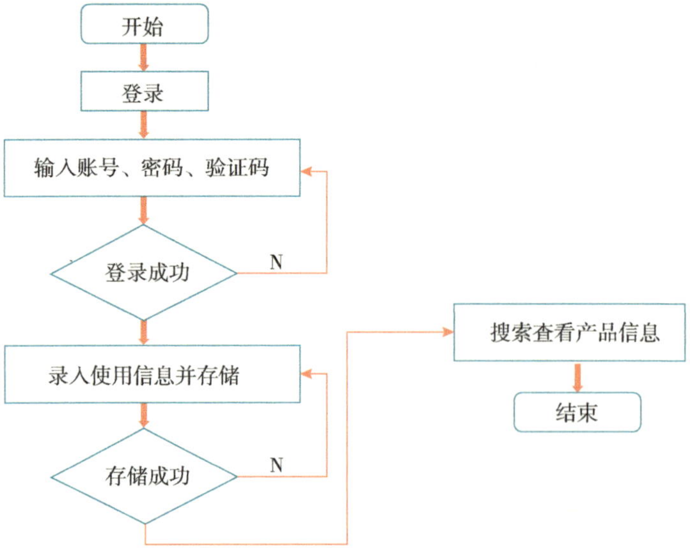

图 6–8 使用环节信息记录流程

（3）数据实体设计

数据实体设计是系统开发中的关键步骤。本系统设计数据实体共 10 个，分别是 5 个单位信息，以及原材料信息、物流信息、合格产品信息、销售信息、使用信息。原材料信息由生产单位创建，物流信息由物流单位创建，合格产品信息由加工单位创建，销售信息和使用信息同理。5 个单位均为系统用户，涉及公司地址、公司名称、营业执照号、注册法人、注册时间以及日期。

用户信息主要包括公司地址、公司名称、营业执照号、注册法人、注册时间、日期，如表 6–1 所示。

表 6–1 用户信息

字段名称	字段含义	数据类型	非空
Company address	公司地址	char	Y
Corporate name	公司名称	varchar	Y
Business license No.	营业执照号	char	N
Registered legal person	注册法人	varchar	Y
Registration time	注册时间	char	N
Date	日期	varchar	Y

生产单位信息包括商品名称、蜜蜂种类、蜜源种类、采收时间、蜂病名称、用药名称、用药剂量、日期、药品来源、公司名称，如表 6–2 所示。

表 6–2 生产单位信息

字段名称	字段含义	数据类型	非空
Trade name	商品名称	varchar	Y
Bee species	蜜蜂种类	varchar	Y
Honey source	蜜源种类	varchar	Y
Collecting time	采收时间	char	N
Name of bee disease	蜂病名称	varchar	Y
Medication name	用药名称	varchar	Y
Dosage	用药剂量	char	N
Date	日期	varchar	Y

续表

字段名称	字段含义	数据类型	非空
Drug source	药品来源	varchar	Y
Corporate name	公司名称	varchar	Y

物流单位信息主要包括商品名称、收货时间、车牌号码、存储温度、送货员姓名、送货员工号、日期，如表 6–3 所示。

表 6–3　物流单位信息

字段名称	字段含义	数据类型	非空
Trade name	商品名称	char	Y
Receiving time	收货时间	char	N
License plate	车牌号码	varchar	Y
Storage temperature	存储温度	varchar	Y
Name of deliveryman	送货员姓名	varchar	Y
Delivery employee number	送货员工号	varchar	Y
Date	日期	char	N

加工单位信息主要包括日期、加工商品、收购时间、收购人姓名、收购人工号、加工批号、入库时间、出库时间，如表 6–4 所示。

表 6–4　加工单位信息

字段名称	字段含义	数据类型	非空
Date	日期	char	N
Processed goods	加工商品	varchar	Y
Acquisition time	收购时间	char	N
Name of purchaser	收购人姓名	varchar	Y
Purchase labor No.	收购人工号	varchar	Y
Processing batch No.	加工批号	varchar	Y
Warehousing time	入库时间	char	N
Delivery time	出库时间	char	N

销售单位信息包括日期、销售商品、入库时间、出库时间、存储情况、销售地址、销售时间，如表 6–5 所示。

表 6–5　销售单位信息

字段名称	字段含义	数据类型	非空
Date	日期	char	N
Selling goods	销售商品	varchar	Y
Warehousing time	入库时间	char	N
Delivery time	出库时间	char	N
Storage condition	存储情况	varchar	Y
Sales address	销售地址	varchar	Y
Sales time	销售时间	char	N

使用单位信息主要包括日期、使用商品、使用姓名、购买时间、购买地址、使用时间，如表 6–6 所示。

表 6–6 使用单位信息

字段名称	字段含义	数据类型	非空
Date	日期	char	N
Use goods	使用商品	varchar	Y
Use name	使用姓名	varchar	Y
Purchase time	购买时间	char	N
Purchase address	购买地址	varchar	Y
Usage time	使用时间	char	N

6.2 经典案例

6.2.1 华为云区块链商品溯源解决方案

华为云成立于2005年，隶属华为技术有限公司，专注于云计算中公有云领域的技术研究与生态拓展，致力于为用户提供一站式云计算基础设施服务。华为云开发的区块链商品溯源解决方案将区块链技术应用于溯源行业，为每件商品设定单独的识别码来确立商品身份，结合物联网技术将商品在供应链各环节产生的信息存储于区块链，实现上链信息无法篡改，以保障企业、消费者和监管部门追溯的商品信息真实有效。

（1）区块链商品溯源解决方案架构

华为云区块链商品溯源解决方案从功能架构上来

看，可分为基础层、平台层、服务层、应用层和用户层，如图 6–9 所示。

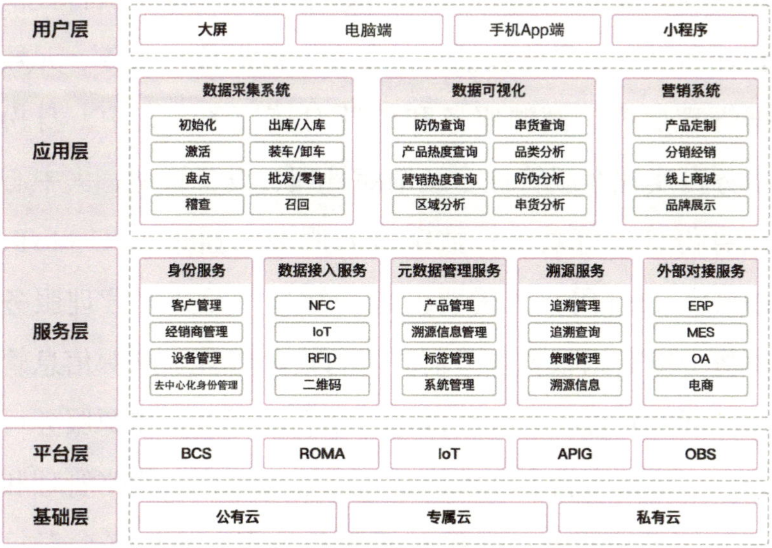

图 6–9　华为云区块链商品溯源解决方案架构

基础层。基础层是系统运行的软硬件支持层，华为云区块链商品溯源解决方案中的基础层可支持系统部署到公有云、私有云或专属云，实现商品溯源中心的云资源管理，为应用服务提供基础的服务器资源、存储资源、网络资源。

平台层。平台层为服务层、应用层和用户层提供区块链核心技术服务，包括华为云区块链服务 BCS、华为云应用平台 ROMA、物联网 IoT、API 托管服务 APIG

和对象存储服务 OBS。

服务层。服务层为应用层和用户层调用区块链服务提供接口服务，实现区块链访问，为具体业务执行提供管理和服务，具体包括身份服务、数据接入服务、元数据管理服务、溯源服务和外部对接服务。其中，身份服务可实现客服管理、经销商管理、设备管理、去中心化身份管理等功能；数字接入服务可通过 NFC、IoT、RFID、二维码接入需要上链的数据；元数据管理服务可将上链数据根据业务需要进行产品管理、溯源信息管理、标签管理、系统管理等数据管理服务；溯源服务可通过区块链平台实现追溯管理、追溯查询、策略管理和溯源信息等服务；外部对接服务负责区块链平台对接 ERP、MES、OA、电商等外部服务平台。

应用层。应用层通过开发去中心化应用，适配区块链的各类应用场景，为用户提供各种服务和应用，主要包括数据采集、数据可视化和营销等。其中，数据采集可实现初始化、激活、盘点、稽查、产品出库 / 入库、装车 / 卸车、批发 / 零售、召回等功能。数据可视化可为产品在区块链平台应用中实现防伪查询、产品热度查询、营销热度查询、区域分析等可视化操作。营销系统可为产品实现产品定制、分销经销、线上商城、品牌展示等有助于营销的个性化功能。

用户层。用户层为用户提供接入、身份认证等服务，通过认证的用户可通过应用层选择具体业务，通过服务层调用平台层区块链服务功能，最终实现具体业务。在应用层中区块链商品溯源用户可通过大屏、电脑端、手机 App 端、小程序等多种形式进行产品信息的溯源与应用。

（2）应用场景

特色农产品溯源是华为云区块链商品溯源解决方案的典型应用场景，通过构建区块链溯源系统实现特色农产品供应链全链条信息的可追溯和透明化。特色农产品溯源系统由溯源系统、数据采集系统、产品溯源标识、硬件设备、营销系统、数据统计展示等多个子系统共同组成。可实现企业产品的防伪溯源、过程追溯、精准营销、数据统计等多种功能。

特色农产品全流程信息上链可实现数据收集一体化，解决上游环节因技术局限性而无法获取原始数据的问题。为了满足消费者对农产品信息的溯源需求，各环节主体将农产品信息录入大数据系统并上传至区块链的相关节点，各节点自动生成附有时间戳的产品信息编码，每张编码都有与该产品相关的合格证明及上一环节的信息记录，并随之同步至整个区块链系统。消费者可以通过手机端扫描产品溯源编码，快速获取产品生产详情、质检报告以及物流配送等信息。一方面最大程度地增加了供应链各个环节参与者之间彼此的信任度，保障了农产品安全，实现了对特色农产品的追溯和监管；另一方面，利用大数据分析等技术对区块链上链数据进行分析，可为营销提供决策支持。

在原产地环节，通过智能物联网设备自动记录农产品的环境、位置、种子等信息，通过人工监管方式获取原产地认证、原产地生产监督执法证明等信息并上链赋码。

在生产种植环节，将智能物联网设备拍摄的产品关键生产期情况信息上链。

在加工分选环节，将智能物联网采集的生产加工时间、温度、存储等信息上链。

在仓储运输环节，将智能物联网获取的物流、仓储等环节的时间、地点、发生数量等信息上链。

在分销零售环节，将智能物联网获取的分拣、零售等环节的时间、地点、发生数量等信息上链。在每个环节均实现一物一码、物理防伪，达到数据信息不可篡改。

消费者可通过扫码查验产品全产业链信息，保障消费者对产品信息的知情权，帮助消费者安心消费。

品牌运营方可通过部署特色农产品溯源平台实现产品的追溯监管，及时追溯问题产品，保证产品的质量安全，智能化管理供应链各个环节。此外，品牌运营方还可利用大数据技术和区块链技术更有效地管理及控制农产品流通流程，了解用户信息行为和市场趋势，从而更有效地进行决策（图 6–10）。

图 6–10　华为云区块链商品溯源应用

6.2.2 纸贵科技商品溯源

西安纸贵互联网科技有限公司（以下简称纸贵科技）是一家专注于以区块链赋能实体经济的技术驱动型企业，是最早投身于区块链产业的企业，团队具有丰富的区块链底层技术和应用研发经验。作为国内区块链头部科技企业，纸贵科技致力于推动区块链技术与实体经济深度融合，应用区块链、物联网、大数据等技术，为不同产业的商品提供全流程的定制化溯源服务，实现更为精细的供应链管理，保障商品安全可控，提升品牌价值。纸贵科技开发的商品溯源项目旨在应用区块链、物联网、大数据等技术为不同产业的商品提供全流程的定制化溯源服务，实现更为精细的供应链管理，保障商品安全可控，提升品牌价值。

（1）纸贵科技商品溯源系统架构

纸贵科技商品溯源系统利用区块链技术可追溯特征，完整、不可篡改地记录产品生产、加工、流通、销售的全生命周期信息，如图 6-11 所示，系统架构包括区块链服务、企业管理平台、中央管理平台、传输感知、区块链业务层 5 个部分。

区块链服务。区块链服务主要负责维护纸贵科技

图 6–11 纸贵科技商品溯源系统架构

商品溯源系统的正常运行，提供基础功能的实现。基础功能包括共识机制、合约管理、身份认证、通证服务、IDE、SDK & API、日志查询等。其中，共识机制是区块链服务的核心，解决了分布式环境下不同网络节点之间的共识问题，各节点交易的信任边际成本近乎为零；合约管理是区块链中自动执行合约条款的计算机交易协议，能够降低业务时间成本提高效率；身份认证可解决业务系统需要建立身份认证系统的难题，节约系统的建设和维护成本，快速便捷地实现身份认证的业务需求；通证服务为可流通的加密数字权益证明，提高了数字资产的管理能力。此外，区块链服务还包括便于区块链开发的工具和运行环境。

企业管理平台。企业管理平台是企业线上生存的运营支撑环境，为企业管理人员提供服务，包括生产过程管理、生产过程监控、企业产品管理、记账中心、企业信息管理、数据统计分析等功能。企业管理平台帮助管理者快速获取信息，通过数据统计便于管理者对生产过程的管理与监督。

中央管理平台。中央管理平台负责商品溯源系统各功能模块的统一监测、控制和管理，可实现企业管理、商品管理、数据管理、供应链管理和营销管理，实现跨区域的数据共享、数据互操作、功能联动和监控，为商品溯源系统管理提供强有力支撑。

传输感知。基于二维码、NFC、RFID、NB-IoT、多传感器融合的区块链传输感知，可智能、便捷、快速地获取各环节信息，便于物联网原始数据上传至区块链，实现数据的获取与传输。

区块链业务层。业务层提供标准智能合约接口，用户可根据不同应用场景构建不同的智能合约，企业可以在此基础上快速构建区块链应用。纸贵科技商品溯源系统为不同产业的商品提供全流程的定制化溯源服务，可应用于食品、药品、酒类、农产品、奢侈品等多个应用场景，实现更为精细的供应链管理，保障商品安全可控，提升品牌价值。

（2）应用场景

纸贵科技商品溯源系统是基于区块链的全程化溯源追踪管理体系，将产品原产地到加工公司再到经销商最后到客户购买的整个商品流通环节信息上链，每个环节数据上链后均保存在相应的区块。原产地环节的品种名称、供应商规格、数量、质量认证等信息将真实存放在第一个区块中；加工公司环节的采收、筛选、分级、包装、赋码、标签审核等信息按顺序存放在第二个区块中；经销商环节的仓储环境、储存时间、运输车辆及路线、销售单位、流向信息存在第三个区块中。随着环节的增加区块个数与信息也随之增加，全产业链共同维护与存储信息，实现去中心化的数据管理与追溯，以此为依托的数据更可靠，可为大数据分析提供可靠的数据源。最终到客户环节，客户通过查询区块链数据真实掌握产品信息，实现商品信息的实时溯源，保障消费者的购买权益。对企业来讲，加强了企业质量管理，降低了信任、资产、资金等成本（图 6–12）。

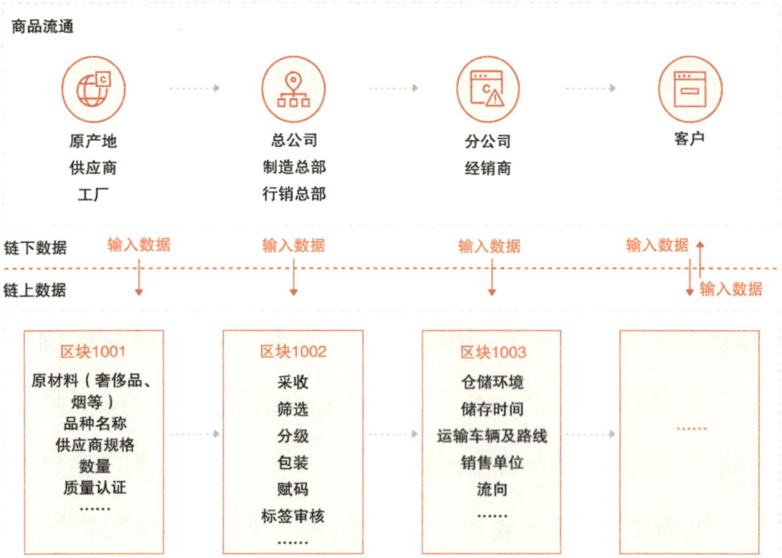

图 6-12 纸贵科技商品溯源应用

目前纸贵科技与深圳市万纬物流管理有限公司合作建设的万纬冷链溯源平台，实现了冷链食品“来源可溯、去向可查、数据保真”，做到人、货、运输工具三码合一的交叉追溯，支持从港口到消费者全链条、全流程追溯。

纸贵科技与甘肃省天水市林业局合作，应用一物一码、纸贵许可链 Z-Ledger、分布式身份标识（DID）等诸多先进区块链技术，帮助各参与节点将采集到的数据记录到区块链上，打造果品生产上下游的追溯体系，为构建来源可查、去向可追、责任可究的全链条可追溯系统奠定基础。

纸贵科技与中国先锋医药控股有限公司合作打造区块链义齿溯源平台，通过一物一码、物联网、区块链、物流跟踪等技术，记录义齿仓储、物流、分销全流程信息，实现商品流转全流程闭环信息真实可追溯。

纸贵科技为重庆唐庭御窖进出口股份有限公司提供区块链溯源，基于联盟链技术有效实现白酒溯源记录信息化，将白酒生产运输销售的全流程信息记录在链上。消费者扫描瓶身二维码，即可查询所购白酒的信息，保证所购白酒安全可靠。

6.2.3 铭数科技智慧农业

铭数科技（青岛）有限公司（以下简称铭数科技）是一家以挪威工程院院士容淳铭为带头人的高端科技创新企业，聚焦区块链核心技术，力争开发国产自主可控区块链底层技术平台。铭数科技面向智慧能源、智慧农业、智慧园区、大数据隐私保护等行业，提供数字化解决方案。其中，在智慧农业领域运用物联网、区块链等技术，将传感器加入农产品生产场景进行数据的收集，通过数字平台对农产品生产进行控制，提升农业现代化水平。通过区块链的不可篡改、可追溯优势建立可溯源的农产品安全体系，让农产品从生产到流通再到消费过程中的质量安全信息变得公开透明，提升了用户对农产品的信任程度，最终形成高效、准确的智慧农业应用，加速农业生产与电子商务结合，逐步实现智慧农业。

（1）智慧农业解决方案架构

铭数科技智慧农业层级架构包括硬件层、数据采集层、平台层、应用层 4 个部分（图 6–13）。

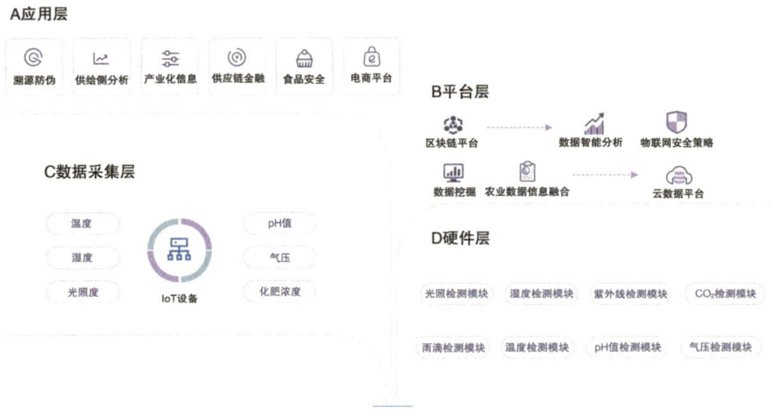

图 6–13　铭数科技智慧农业层级架构

硬件层。硬件层是智慧农业的基础设施层，配备光照检测模块、湿度检测模块、紫外线检测模块、CO_2 检测模块、雨滴检测模块、温度检测模块、pH 值检测模块、气压检测模块等，通过硬件设施获取农产品生长、运输、储存等环节的信息。

数据采集层。数据采集层依托物联网技术，将硬件设备采集的农产品信息数字化。利用物联网技术实现农产品温度、湿度、光照度、pH 值、气压、化肥浓度等信息的传输，为上层提供足够的数据支撑。通过网络接入实现物—物、人—物之间的泛在链接，实现对产品信息的智能化感知、识别和管理。

平台层。平台层包括区块链平台与云数据平台，可实现数据智能分析、物联网安全策略、数据挖掘、农业数据信息融合等功能，为应用层提供区块链核心技术服务。

应用层。应用层封装了区块链的各种应用场景和案例，可根据最终用户的需求定制相应的区块链行业应用，可应用于溯源防伪、供给侧分析、产业化信息、供应链金融、食品安全、电商平台等多个场景中。

（2）应用场景

铭数科技基于区块链技术打造的智慧农业平台可打通农产品全产业链的数据信息，实现农产品的可信追溯、可信防伪。在农产品生产源头，通过硬件设备采集农产品生长详情（包括生产环境、温度、湿度、肥料等），通过物联网技术实现数据的互通互联，利用区块链技术将信息上链，并为每个农产品生成一个溯源码，批发采购、包装运输、超市零售等环节中对农产品质量有影响的相关操作信息也同样被打包上链，这些信息以时间戳为依据进行前后次序的排列，防止被篡改。消费者在购买农产品时可利用微信小程序、手机 App 通过溯源码追溯查询农产品全流程信息，判断农产品质量，保护自身消费权益（图 6–14）。

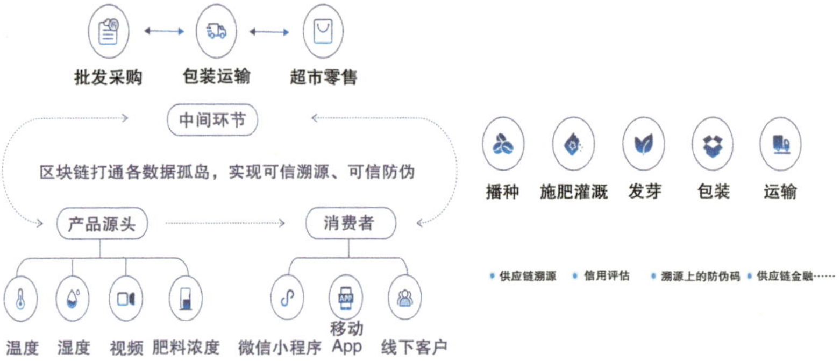

图 6–14　铭数科技智慧农业应用

7 总 结

7.1 结论

本书从区块链农业领域应用契合优势、全球相关技术、政策发展趋势、我国应用发展现状及典型案例剖析等视角对区块链农业应用进展进行总结与分析，得出相关结论。

（1）区块链简介

区块链是一种分布式账本（数据库）技术，可以有效地解决信任问题，实现价值的自由传递，在数字货币、金融资产、数字政务、存证防伪、数据服务等领域具有广阔前景。从时间线看，区块链发展历程可以划分为 3 个阶段，1976—1998 年是区块链思想的产生阶段，为区块链的产生奠定了技术基础和思想基础。1999—

2007年是区块链技术基础的高速发展阶段。2008年至今是区块链诞生及发展阶段，这一阶段又被划分为了区块链1.0、区块链2.0和区块链3.0这3个发展时期。区块链的关键技术有密码学技术、P2P网络、共识机制和智能合约等，这些技术的集成保证了区块链具备去中心化、去信任、信息公开透明、信息不可篡改、自动执行等主要功能和特征。

（2）区块链主要农业应用场景总结

区块链技术为农业发展带来前所未有机遇，区块链技术与农产品质量溯源、农业物联网、农业供应链管理和农业金融四大场景相结合，正深刻改变着农业生产活动。

“区块链＋农产品质量溯源”是农业领域应用较为广泛的场景。区块链点对点的网络模式和分布式存储机制，可有效解决农产品质量安全溯源过程中数据易被篡改、信任缺失等问题。目前基于区块链的农产品追溯体系研究方向主要围绕技术创新应用及提高服务性能两方面。美国、日本、韩国等区块链发展强国都推出了一系列应用产品。我国建立了多个农产品溯源链服务平台，并积极推动企业与地方政府建立合作，以消除信息壁垒，提高当地特色农产品质量，促进乡村振兴蓬勃发展。

区块链技术与物联网的结合发展，将使设备实现自我管理和维护，省去以云端控制为中心的高昂的维护费用，降低互联网设备的后期维护成本，有助于提升农业物联网的智能化和规模化水平。国际上，美国利用区块链和物联网技术构建智能农场，农业管理者可以对基础设施及其数据进行加密，防止物联网设备被攻击、信息被篡改。韩国利用区块链技术解决农产品核心数据存储问题并保护相关主体的数据隐私。我国利用区块链技术确保物联网信息的安全性、可信性，深圳云博智联科技有限公司和联想（北京）有限公司将区块链技术成功应用到农业物联网中。

农业供应链管理可以利用区块链分布式记录和存储特性将农业供应链各参与方连接起来，实现供应链管理透明化，有效解决各参与主体间信息不对称问题。此外，利用区块链非对称加密技术和时间戳技术可实现商品流、信息流、物流和资金流的可信流转，降低供应链管理成本。国际上，美国通过区块链技术实现食品安全管理。英国为海地农民建立区块链生态系统，实现了供应链信息的真实透明。加拿大利用分布式技术提高农业供应链管理效率。澳大利亚通过给供应链信息加盖时间戳防止信息被篡改。我国利用区块链技术解决供应链各环节参与者间的信任问题，提高了供应链管理效率。

区块链通过不可篡改特性在农业金融方面建立了“无须任何可信第三方”的信任机制，解决了农业贷款难、理赔少、交易慢的问题。国际上，美国涉猎较广，澳大利亚在农业贸易支付方面有所应用，瑞士将区块链技术应用于农业金融保险中，肯尼亚则利用区块链技术处理并发放贷款。银行是我国农业金融主要的参与主体，银行通过区块链技术实现农户的贷款、保险，在降低自身的风险同时提高了金融服务的效率。

（3）基于专利的区块链农业应用发展总结

区块链农业应用发展起步明显较晚，相关专利申请数量较少，且多集中在近5年申请，其发展阶段尚处于雏形期，但相关技术研发正逐渐被各国所重视。以中国、美国和韩国为代表的区块链技术强国对区块链农业应用都保持积极发展态度。中国相关专利申请数量世界排名第一，但授权率偏低，相关基础性、关键性技术研究不足。区块链农业应用研发力量仍是以企业为主，中国入选全球区块链农业应用专利申请 TOP10 机构数量最多，但排名整体靠后，对一流研发机构培育扶持力度还需加强。

全球区块链农业应用专利信息重点集中在底层技术和应用领域研究方面，主要围绕利用区块链的去中心化、分布式存储、加密、可追溯以及可编程的智能合约等技术解决农产品溯源以及农村金融相关问题。缺乏对农产品溯源以及农村金融以外的成熟应用，是目前区块链农业应用薄弱环节。

区块链农业应用技术研究热点与通用区块链技术热点基本吻合，集中在分布式数据、安全管理系统、数据加密解密、加密货币、软件产品和数据传输技术研发上，此外还非常重视对相关商业模式的研究。数据库应用、程序配置及输送机等通用技术是区块链技术研究前沿，这 3 个方向也极具可能成为未来区块链农业应用研究上的技术前沿。

（4）区块链农业政策总结

区块链技术作为有效的信任创建机制，引起了世界各国的普遍关注，区块链农业政策分析选取欧盟、美国和中国 3 个国家（地区）颁布的农业区块链政策为分析对象，从政策颁布趋势、政策颁布机构、政策主题3个角度对区块链农业政策内容进行分析。

从区块链农业政策颁布趋势来看，欧盟、美国和中国3个国家（地区）均鼓励并重视区块链的研发与应用发展，区块链农业政策发布随时间推移呈交错上升趋势。其中，欧盟区块链农业发布政策最多、中国次之、美国紧追，政策发布数量分别为303件、243件和235件。

从政策颁布机构来看，欧盟在区块链农业发展方面已经形成了一套较为完善的组织管理体系，用于制定和实施区块链农业政策。相关颁布机构由欧盟委员会、欧盟理事会、欧盟议会以及欧洲经济和社会委员会组成。其中，作为欧盟三大机构的欧盟委员会、欧盟理事会和欧盟议会政策颁布数量分别为136件、108件和30件。美国区块链农业政策制定核心机构为众议院，22家众议院委员会颁布了167件区块链农业政策。其中，金融服务委员会、拨款委员会和农业委员会三家委员会颁布的区块链农业政策均超过15件，位居众议院前三名。中国共有8个部门颁布区块链农业相关政策，国务院各组成部门位居首位，共颁布174件政策。其中，农业农村部颁布区块链农业政策数量最多，共42件，旨在利用区块链推进农业农村现代化发展步伐。工业和信息化部颁布40件区块链农业相关政策，旨在指导农业规范化生产，监督管理农业现代化发展步伐。商务部和国家发展改革委分别颁布31件和29件相关政策。

从政策主题来看，欧盟和美国政策主题相似，重点聚焦监管、科技和应用发展3个方面，中国对区块链的研究重点聚焦科技创新、农业应用2个方面。

（5）我国区块链农业应用总结

产业振兴是乡村振兴的基础，目前我国区块链产业规模发展迅速，产业链条已初步形成。为了进一步明晰我国区块链农业应用状况，以中央网信办备案的七批区块链项目为分析对象，从备案项目领域分布、数量趋势、主体分布和区域布局等多个维度，深层次揭示我国区块链农业领域应用发展的现状及趋势。

区块链农业应用项目数量位列第五，位于金融、政务、司法和消费应用领域之后，但区块链农业应用项目数量随时间推移呈上升趋势。

从主要应用场景来看，我国区块链农业应用场景主要聚焦在农产品质量溯源、农业物联网、农业供应链管理和农业金融 4 个方面。农产品质量溯源项目数量占据绝对优势，占全部农业应用项目的 81.82%。农业物联网、农业供应链管理和农产品质量溯源 3 个区块链农业应用场景均呈现出快速发展趋势，发展潜力较大。

从主要应用主体来看，小微企业和科技型企业是我国区块链农业应用的主力军，引领着区块链农业发展。国有企业、专精特新企业、事业单位和世界性连锁企业也纷纷参与到区块链农业应用项目中来，呈现多类型企业共存的发展态势。但应用主体在 4 个农业应用场景中发展不均衡，其中，农产品溯源应用场景最为热门，仅小微企业和高新技术企业对 4 个农业应用场景进行了全面布局。

从区域分布来看，全国共有 16 个省（区、市）开展了区块链农业应用，但区域分布不均衡。云南省区块链备案项目数量最多，其次是北京市、广东省、上海市等地。从动态分析看，仅云南省区块链农业应用项目数量呈现增长趋势，其他省（区、市）或平稳发展或呈下降趋势。各省（区、市）区块链农业应用场景较为单一，有 50% 的省（区、市）仅布局一个应用场景，农产品质量溯源成为多个省（区、市）的应用热点。我国当前正处于区块链农业应用发展的初级阶段，在顶层设计、科技引领等方面都还需要进一步加强。

（6）我国区块链农业典型应用总结

区块链技术能实时记录和保存特色农产品从生产到销售全过程的全部信息，实现特色农产品供应链全程透明化，保障特色农产品的质量，增强特色农产品的可信度。区块链农业典型应用分析以特色农产品溯源为例，从模式分析和经典案例剖析这两个角度对区块链进行系统的梳理与解析。

以蜂产品为例，设计基于区块链的特色农产品溯源系统模式。溯源系统方案设计上全面覆盖了从生产到使用每一个环节中影响产成品质量水平的重要信息。涉及了企业、政府和消费者 3 类利益关系主体，并进一步对溯源信息传递方案和节点参与溯源系统的职责进行了搭建。采用先进的农业物联网、区块链等技术，实现对产地环境、农事生产过程、加工、物流、存储、销售等质量安全环节全程可追溯，帮助企业打造高端农产品品牌，帮助政府实现全程安全监管，为用户提供农产品溯源及相关信息服务。

选取华为云区块链商品溯源、纸贵科技商品溯源和铭数科技智慧农业 3 个典型特色农产品溯源案例进行分析。从解决方案架构和应用场景 2 个方面对 3 个典型案例进行了详细的阐释，为区块链在农产品溯源场景上的广泛应用与推广提供借鉴。

7.2 阻碍区块链农业应用发展的相关因素

尽管区块链在农业领域的应用发展已初具成效，但目前仍存在一些问题阻碍区块链在农业领域的广泛应用与健康发展，具体表现如下。

（1）对区块链认知不足

区块链自 2008 年被提出后引起广泛关注，尽管人们对区块链技术的认识正逐步增长，但是由于区块链的复杂性和虚拟性，大多数组织（机构）对区块链的了解还仅停留在概念层面，多数公众仍不了解区块链产品的存在和潜在用途，同时缺乏对该技术的适当营销，造成区块链应用的新产品推广困难，制约了区块链应用的创新。

（2）农业数字化程度较低

区块链的发展需要依靠强大的数据基础支撑，农业数字化更是区块链应用的前提基础。我国数字农业基础设施建设不足且物联网等技术研发落后，使得农业数字化程度较低，区块链应用的技术支撑和配套设施及服务不匹配，阻碍了区块链在农业领域的应用发展，限制了区块链在农业领域的应用范围（芦千文，2021）。

（3）政策丰富但缺乏落实与延续

良好的政策环境是区块链应用的基础。为了促进区块链与农业的深度融合，国家出台了一系列政策予以支持，涉及人才、资金、应用场景等多方面。但很多政策比较宽泛，描述模糊，缺乏具体、细化的指导意见和要求，且部分优惠和扶持政策还不够完善，即使有比较完善的也因手续复杂、限制条件太多等因素难以真正实施，这在一定程度上影响了区块链在农业领域的应用效果。

（4）支付手段风险问题

区块链技术设计之初是为了实现货币和支付手段的去中心化。支付是区块链的重要应用，区块链在农业金融以及农产品质量溯源等应用场景中都会涉及支付环节。基于区块链技术的数字人民币呼之欲出，标志着我国数字货币发展进入了新阶段。同时，基于区块链技术的支付及交易也存在一系列风险问题，包括数据安全风险、系统故障风险、市场操纵风险。目前，相应配套的法律法规、监管体系、标准规则有所欠缺。

7.3 区块链农业应用发展建议

区块链是当今科技发展的前沿高地，全球各国高度关注区块链技术的应用与发展，都在加快布局区块链产业。经过这几年的快速发展，我国区块链农业领域应用取得很大的发展，推动了农产品质量溯源、农业物联网、农业供应链管理和农业金融等领域的创新发展和产业化应用，促进了农业向数字信息化、科技化转型升级，优化农业供给侧，提升了农业运营效率和质量。但是与欧盟、美国等一些世界科技强国（地区）相比，我国区块链农业应用不足依然存在，需要进一步加强创新应用的广度和深度。

（1）加大基础性技术研发力度，特别是创新技术研发力度

我国在区块链农业领域应用专利申请数量虽然靠前，但目前区块链农业领域应用尚处于起步阶段，相关研究还不成熟。因此，我国在政策层面应继续加大对区块链农业应用技术领域基础性、关键性技术的支持力度，提高我国区块链农业应用技术研发质量。一是要引导相关企业立足我国国情，准确把握区块链农业领域应用的国际发展趋势、关键技术热点和前沿领域，深化研发深度与应用广度，抢占区块链技术农业应用全球技术制高点。二是要加大创新型人才引入，特别是具有“技术＋农业”复合型背景的人才，培育企业核心竞争力。三是要鼓励企业与高校、科研院所联合进行技术攻关，通过产学研一体化带动区块链技术在农业领域研究的高质量发展。

（2）积极推动区块链与我国农业产业融合创新

目前，我国已经把区块链应用推广提升到国家战略的高度，2020年中央一号文件提出要加快区块链在农业领域的应用，全国各省（区、市）应积极响应，出台更符合当地发展的地方政策。一方面，要依托地方政府优势，整合资源，搭建企业与高校之间的立体通道，加快科技成果向企业、行业转化。另一方面，鼓励企业跨领域合作，增强区块链科技公司与农村电子商务、农产品溯源、农业保险等企业合作，带动辐射地区企业发展，推动融合创新，以此带动我国地方区块链技术农业应用的快速发展与优势农业产业的转型升级。

（3）政产学研联合建立区块链农业应用行业标准体系

目前我国区块链农业应用尚处于起步阶段，相关行业标准还不完善甚至缺失（崔隽，2020），而区块链农业应用的落地必须依靠标准化建设工作，特别是农业关系到国计民生，诸如一些食品安全事件会造成严重社会影响。因此，区块链农业应用行业标准的建设无论对促进行业发展还是保障民生都至关重要。建立以政府为主导，企业、行业协会、标准化组织、高校及研究机构共同协商的行业标准制定机制，进而保障行业标准的合理性与可操作性，共同推进区块链农业应用行业标准的制定，以促进区块链农业应用的可持续发展。

（4）积极开展区块链农业创新应用示范样板

区块链与农业的深度融合离不开积极探索与尝试，应鼓励知名区块链技术服务商联合开展区块链农业创新应用探索，并围绕技术架构、应用规模、应用成效等方面对其进行分析与总结，打造一批区块链农业应用示范样板，进行全面推广。

7.4 区块链农业应用发展前景

7.4.1 农业区块链技术融合

（1）农业区块链＋大数据

多源数据的融合可以提高数据的价值，当前现有大数据相关技术服务设计思想都是基于中心化的，容易形成数据孤岛，产生数据垄断。区块链本质是一个去中心化的数据库，可对大数据技术进行有益补充，两者融合将创造更大的数据价值。

区块链是推动大数据发展的数字基础设施，能有效扩大大数据技术的应用场景。大数据可以帮助人们发掘更多高价值信息。目前，大数据对数据共享的需求十分迫切，但是对于企业来说，有些具有巨大的商业价值的数据蕴藏着自身的商业秘密，常常不愿意将信息公开和共享。区块链的数字签名、时间戳、密码学等技术能保障数据安全，数据追溯机制还可提高数据可信度，从而打破信息孤岛，盘活数据存量，帮助大数据突破困境。大数据技术包括海量数据的处理技术和敏捷有效的分析技术，通过与区块链的融合，大数据可以利用区块链的可信性、安全性和难以篡改等特性，释放出更多的有用数据。此外，大数据中的跨部门数据存在互信难题，而区块链的分布式存储、点对点传输和智能合约等技术可以帮助建立共享大数据，实现数据的授权、存证和二次应用等功能。

区块链技术不可篡改特性能保证信息的真实性，但是无法验证输入数据的真实性，区块链与大数据技术结合，通过大数据多方数据交叉验证，可提高新型农业经营主体信息的真实性。

（2）农业区块链＋人工智能

区块链的重心在于准确地记录、认证和执行数据，而人工智能则助力于决策、评估和理解数据，最终产生自主交互，两者相互融合有助于提高双方能力。

人工智能可帮助智能合约实现真正的智能。将人工智能用于 PoW 共识机制和哈希运算，可大大提高计算效率，节约电力和能源，进而更好地提高区块链运行效率。利用人工智能的形式验证技术及动态约束检查方法，能够在代码编写时主动挖掘代码与合约的漏洞，对智能合约的安全性进行自动化检查。通过引入人工智能引擎，在图形界面和交互引导下，人工智能可把人类自然语言转换成对应的脚本语言来编写智能合约。同时人工智能通过对合约样本的深度学习可以实现对更为复杂合约的处理。此外，人工智能结合智能合约，可量化处理农业领域问题，使得智能合约具有一定的预测分析能力。

区块链为人工智能建模提供了分布式算力。在算力层面，人工智能通常基于个人自建平台进行模型计算训练，随着数据量的增大和计算复杂度的提升，对于传统中心化服务器计算能力的要求也越来越高。区块链是分布式网络，能够实现算力的去中心化，有助于构建去中心化的人工智能算力设施基础平台，区块链分布式数据库将各个节点进行高效数据共享，使得该网络上的每个参与者都可以访问数据，为人工智能提供更广泛的数据访问。此外，利用区块链分布式协作的特征，可搭建发布机器学习任务的平台，结合群体智能优化人工智能算法，实现算法共享。

（3）农业区块链 + 云计算

云计算可以解决海量数据的存储和计算问题，但传统的云方案非常昂贵，其基础设施购买和维护费用极高，需要中心化的云服务、大规模的服务器集群和网络设备来支撑。各个云服务商支持的云服务架构之间通信困难，没有一个云服务商可以服务于社会生产的所有单元，无法保证云服务之间的互操作性和兼容性。同时各云之间存在地位不均等问题，没有实现真正意义的分布式。

区块链借助分布式技术将多个分散的计算机节点连接起来，提供分布式计算资源租赁服务，将云计算概念升级为共享计算。区块链可以解决云的规模化问题，以较低成本将设备共享在同一个网络，为实现真正意义的全网分布式计算提供了可能。此外，区块链技术还可将用户个人分散、闲置的宽带与存储很好地利用起来，形成具备存储、计算、传输、安全等功能的云计算节点，实现处理高频、高交互海量数据的能力。

7.4.2 农业区块链应用前景

（1）区块链技术与农村信息管理

为了实现农产品销售、加工、运输、储存以及与农业生产经营相关的信息流转，农村通常会成立农民专业合作社，但是由于信息不对称、信息可篡改等原因导致信息交流不畅，引发社会公平问题。区块链通过分布式存储技术将各个地区的农民合作社设为区块链网络中的节点，每个节点均可获取一份完整的农业数据，利用共识机制记录所有节点的数据与变化过程，有效消除了信息不对称，方便农业主管部门对地区内合作社进行管理。

（2）区块链与生态农业

推动生态农业发展是我国现代农业发展重要方向。与传统农业相比，生态农业在农业生产过程中更加注重生态环境的保护和资源的有效利用，是中国农业可持续发展的重要路径，也是生态文明理念在农业领域的具体实践。但目前生态农业发展存在农业生产者环境保护意识薄弱、农业生态环境破坏严重、生态农业保障机制不健全等问题，从而导致农业生产与生态环境发展不协调、不平衡。应用区块链技术可搭建一个真实可靠的农业生态系统，利用区块链可追溯、去中心化、分布式存储等特性，能有效解决生态农业发展存在的问题。区块链的数据加密技术能提升生态农业信息的真实性和安全性，有利于各主体间快速建立信任关系。区块链可追溯特性可对生态环境破坏行为进行追溯与管理，提升生态农业环境监管效率。区块链去中心化特性使各主体在信息共享基础上实现平等协作，在生态农业产业内部建立起良性资源配置与利益共享机制，有利于各主体间协同合作。区块链分布式存储技术能将生态农业的物流、资金流、信息流等各类信息进行储存与共享，满足生态农业管理决策的信息需求，在农业生产发展的同时协调生态环境的保护工作。利用好区块链技术有利于农业生产与生态环境发展的整体提升。

（3）区块链与精准扶贫

精准扶贫是改善民生的重点项目，它有别于粗放式扶贫，要求每一笔善款都精准到人。但很多地方存在扶贫资金被挪用的现象，信任问题在一定程度上阻碍了扶贫机构吸纳资金，并且追踪和查证扶贫资金十分耗费人力和财力。数字科技是扶贫兴农的新利器，区块链技术具有全程记录、顺序时间戳、不可篡改、可追溯、防伪造等特性，在精准扶贫全链上，从前端到末端可对每一个贫困人口精准识别、科学帮扶，保证扶贫措施精准到位，确保任何环节都能追责到人。

（4）区块链与农村土地流转

我国要求坚持农村土地集体所有，积极引导土地经营权有序流转，提高土地的利用率。但目前农村土地流转过程仍存在诸多问题，例如土地流转合同不标准，有些土地流转只是口头约定并未签署正规合同，容易引发合同纠纷等。此外，由于土地信息缺乏，土地养分含量、历年产量、灌溉等条件信息无法得到合理评估，导致土地价值评估难，容易引发土地流转的经济纠纷。利用区块链技术进行土地产权登记，可防止集中控制，解决信息被篡改的问题。通过区块链身份验证、数字签名等技术，在保护土地经营主体数据隐私情况下确保信息的公开透明，利用区块链可追溯性可轻松追踪土地流转交易进展与细节信息，解决合同纠纷问题。此外，利用区块链技术开发建立土地流转管理系统，可规范土地流转程序，提供科学合理土地评估参考价格，有助于解决土地流转中的经济纠纷问题。

（5）区块链与新农业电商

农业电商作为我国农业现代化重要手段，有助于拓宽农产品销售渠道、增加农民收入、助力乡村振兴。但目前农业电商存在产品质量良莠不齐、信息流通差等问题。将区块链技术融入农业电商中，借助区块链可追溯特点能随时查询到农产品的信息，可提高消费者对商品的信任度。此外，利用区块链去中心化的特点可简化农业电商交易程序，提高交易效率，利用区块链的公开性实现结算过程的真实透明，可对农产品进行比价，避免了因信息不通畅导致的价格悬殊、破坏农产品市场的现象，大大提高了农产品交易的真实性。

“区块链+农业”应用场景会越来越丰富，协同效率也将越来越高。未来随着行业、部门属性的边界被打破，区块链技术基础设施和相关法律法规也将不断完善，区块链技术整合农业生产要素市场中的资金流、信息流和物流等，着力打造平台化、一体化、共享化的数字化农业园区。通过推动更多创新型领军企业、大中小型科技企业等开发区块链，集聚创新要素、创新主体、产业应用和创新网络，让越来越多的资源通过“上链”实现资产化，技术交叉和融合会越来越明显，乡村治理、农村产权交易等将成为重要应用场景。通过构筑包容区块链创新的监管框架，提高各参与者之间的协作效率，从而保障产业链条健康、高效运行，帮助农户和企业实现价值增长。

参考文献

蔡芳，刘智珺，2022. 基于区块链和 AI 的农机导航数据处理技术研究 [J]. 农机化研究，44（11）：211–215.

陈典斌，2020. 基于区块链技术的珠海农产品供应链信息协同管理研究 [J]. 农家参谋（22）：31–32.

陈杰，杨俊，吴军辉，等，2018，农产品安全追溯系统发展现状与趋势 [J]. 农学学报，8（9）：89–94.

陈悦，2014. 引文空间分析原理与应用 [M]. 北京：科学出版社 .

崔隽，2020. 粤港澳大湾区跨境贸易金融区块链平台应用的优势、风险及应对 [J]. 对外经贸实务（12）：53–56.

丁玉华，董明纲，2017. 发明专利文献的特点及其挖掘利用 [J]. 河北北方学院学报（社会科学版），33（1）：81–86.

董宁，朱轩彤，2017. 区块链技术演进及产业应用展望 [J]. 信息安全研究，3（3）：200–210.

范贤丽，范春晓，吴岳辛，2019. 基于区块链和 IPFS 技术实现粮食供应链隐私信息保护 [J]. 应用科学学报，37（2）：179–190.

付小颖，2020. 区块链技术与实体经济深度融合发展路径研究 [J]. 学习论坛（7）：62–67.

高云，严悍，2020.Hyperledger Fabric 区块链软件架构中的中间件设

计 [J]. 计算机与数字工程，48（9）：2195–2200，2274.
葛艳，黄朝良，陈明，等，2021. 基于区块链的 HACCP 质量溯源模型与系统实现 [J]. 农业机械学报，52（6）：369–375.
哈耶克，2007. 货币的非国家化 [M]. 北京：新星出版社 .
韩璇，刘亚敏，2017. 区块链技术中的共识机制研究 [J]. 信息网络安全（9）：147–152.
黄系盟，赵应丁，李求德，2022. 基于区块链的农资交易溯源系统的设计研究 [J]. 安徽农业科学，50（8）：227–231.
霍红，詹帅，2019. 集成供应链视角下农产品质量安全全过程监管体系构建 [J]. 中国科技论坛（8）：105–113.
江雪，2022. 区块链技术在农产品流通中应用模式探究 [J]. 中国农业会计（4）：89–92.
李道亮，杨昊，2018. 农业物联网技术研究进展与发展趋势分析 [J]. 农业机械学报，49（1）：1–20.
李国清，2020. 区块链设计思维的来源与内涵 [J]. 工业设计（10）：112–113.
李赫，孙继飞，杨泳，等，2017. 基于区块链 2.0 的以太坊初探 [J]. 中国金融电脑（6）：57–60.
李金铮，2003. 绩效与不足：民国时期现代农业金融与农村社会之关系 [J]. 中国农史（1）：93–99.
李鹏，郑田甜，徐鹤，等，2021. 基于区块链技术的 RFID 安全认证协议 [J]. 信息网络安全，21（5）：1–11.
李乔宇，封文杰，尚明华，等，2022. 数据权益去中心化的农业物联网系统 [J]. 江苏农业科学，50（4）：187–193.
李乔宇，阮怀军，尚明华，等，2018. 区块链在农业中的应用展望 [J].

农学学报，8（11）：78–81.
李炜，2012. 发达国家食品可追溯系统建设及其对我国的启示 [J]. 中国防伪报道（9）：26–29.
李馨迟，梁伟，赵君，等，2018. 区块链在农业可信溯源场景的发展与应用 [J]. 自动化博览，35（12）：108–110.
林彬彬，曾芳芳，张腾敏，2022. 基于区块链的漳州田园综合体模式研究 [J]. 农村经济与科技，33（1）：142–144.
刘如意，李金保，李旭东，2020. 区块链在农产品流通中的应用模式与实施 [J]. 中国流通经济，34（3）：43–54.
刘晓云，王晓春，2018. “物联网 + 区块链”的农产品质量溯源体系研究 [J]. 常州工学院学报，31（5）：60–65.
刘秀萍，赵明，2010. 农产品质量安全追溯管理制度的理论研究与实践 [J]. 中国蔬菜（7）：1–3.
芦千文，2021. 区块链加快农业现代化的理论前景、现实挑战与推进策略 [J]. 农村经济（1）：126–136.
罗子健，2021. 农业 4.0 背景下“区块链 + 数字农业”产业新格局 [J]. 中国农业会计（5）：86–88.
潘虹，2020. 滁州特色农产品电子追溯体系建立与应用研究 [D]. 合肥：安徽农业大学 .
彭琛，陈永平，聂超凡，2020. 基于区块链的农业供应链管理平台设计 [J]. 电工技术（20）：138–140.
钱建平，余强毅，史云，等，2020. 基于区块链的农业投入品智能管控平台设计 [J]. 农业大数据学报，2（2）：38–46.
任守纲，何自明，周正己，等，2020. 基于 CSBFT 区块链的农作物全产业链信息溯源平台设计 [J]. 农业工程学报，36（3）：279–286.

上海产业技术研究院，2018. 上海区块链技术与应用白皮书 [R]. 上海：上海产业技术研究院 .

孙惠平，2020. 国际区块链发展之道 [J]. 金融博览（财富）(9)：52–55.

陶启，崔晓晖，赵思明，等，2018. 基于区块链技术的食品质量安全管理系统及在大米溯源中的应用研究 [J]. 中国粮油学报，33（12）：102–110.

汪垚，2019. 物联网和区块链技术在农产品安全领域应用探析 [J]. 农村经济与科技，30（23）：75–76.

王海，2005. 澳大利亚“国家牲畜认证系统”简介 [J]. 草业科学（6）：121–123.

王化群，吴涛，2017. 区块链中的密码学技术 [J]. 南京邮电大学学报（自然科学版），37（6）：61–67.

王嘉昕，饶灿，张泽栩，等，2020. 农业供应链金融创新模式设计 [J]. 中国市场（25）：5–7.

王强，樊抗抗，苏乐，2022. 区块链在“三农”领域的应用价值探讨 [J]. 中国电信业（2）：48–51.

王硕，2016. 区块链技术在金融领域的研究现状及创新趋势分析 [J]. 上海金融（2）：26–29.

杨晨雪，孙志国，2020. 基于区块链技术的农产品供应链数据管理系统设计 [J]. 农业大数据学报，2（2）：74–83，4.

杨萌，2021. 区块链 + 农产品溯源视域下紫阳县富硒茶质量安全追溯体系研究 [J]. 湖北农业科学，60（16）：137–140.

叶小榕，邵晴，肖蓉，2017. 基于区块链、智能合约和物联网的供应链原型系统 [J]. 科技导报，35（23）：62–69.

曾诗钦，霍如，黄韬，等，2020. 区块链技术研究综述：原理、进展与应用 [J]. 通信学报，41（1）：134–151.

张国钧，钱勇，李伟，等，2020. 区块链技术在我国税收管理领域应用的探索 [J]. 国际税收（2）：12–17.

张海涛，王锋，张健，等，2008. 基于可追溯系统的水产品供应链结构优化机制及管理模式 [J]. 中国渔业经济，26（6）：48–53.

张文，杨立功，罗向平，2022. 区块链技术在农业供应链金融中的应用研究——以嘉兴市为例 [J]. 市场周刊，35（4）：125–129.

张振刚，黄洁明，陈一华，2018. 基于专利计量的人工智能技术前沿识别及趋势分析 [J]. 科技管理研究，38（5）：36–42.

赵逖，2021. 区块链 + 农产品流通——融合路径与体系创新 [J]. 商业经济研究（11）：130–133.

周茂君，秦文琰，2019. 区块链 3.0 时代电商信用体系的重构 [J]. 学习与实践（11）：47–56.

字建磊，张榆琴，李学坤，2021. 区块链技术嵌入松茸供应链管理研究 [J]. 乡村科技，12（33）：104–107.

ANDREAS K，AGUSTI F，FRANCESC X P, 2019.The rise of blockchain technology in agriculture and food supply chains[J]. Trends in Food Science & Technology，91（C）：640–652.

ANTONUCCI F，FIGORILLI S，COSTA C，et al., 2019. A Review on blockchain applications in the agri - food sector[J]. Journal of the Science of Food and Agriculture, 99(14)：6129–6138.

DINH A, WANG J, WANG S, et al., 2017–02–09. UStore：A Distributed Storage with Rich Semantics：10.48550/arXiv.1702.02799[P].

LENG K，BI Y，JING L，et al., 2018.Research on agricultural supply chain system with double chain architecture based on blockchain technology[J]. Future Generation Computer Systems, S167739X-S18304527X.

MOHAMED A, CHANTAL T, MOHAMED O, et al., 2021.IoT data qualification for a logistic chain traceability smart contract[J]. Sensors, 21(6): 2239.

SHEN M, DUAN J, ZHU L, et al., 2020.Blockchain-Based Incentives for Secure and Collaborative Data Sharing in Multiple Clouds[J]. IEEE Journal on Selected Areas in Communications, PP(99): 1.

ZHAO G, LIU S, LOPEZ C, et al., 2019. Blockchain technology in agri-food value chain management: A synthesis of applications, challenges and future research directions[J]. Computers in Industry, 109: 83-99.

附 表

区块链应用情况表

领域	细分领域	技术特征	公司名称	应用简介
数字货币	数字货币交易	利用区块链分布式记账技术，使得数字货币交易过程无须验证交易双方的真实身份信息，点对点交易特性可避免交易的时间延迟，降低交易成本	Ripple Labs 公司	创造瑞波币，通过瑞波币进行货币的转账、清算、支付等服务
			BTCJam 公司	提供 P2P 比特币借贷服务
			PayPal 公司	2014 年与 Coinbase、BitPay、GoCoin 合作，为比特币提供支付服务
			Kraken 公司	2014 年与 Fidor 银行合作，联手打造“专业数字货币银行”
			Facebook	2019 年 6 月发布了加密货币天秤币白皮书
			中国人民银行	2014 年，央行成立发行法定数字货币的专门研究小组
				2015 年发布发行数字货币的系列研究报告，并完成发行法定数字货币原型的两轮修订
				2016 年 1 月 20 日，央行召开数字货币研讨会，首次对外公开发行数字货币的目标
				2020 年 10 月，在深圳市罗湖区启动了面向公众的数字人民币试点

续表

领域	细分领域	技术特征	公司名称	应用简介
金融资产	数字资产交易	利用区块链可追溯、不可篡改特性，使得数字资产登记信息和交易记录一旦上链便不可篡改，有助于追踪数字资产交易人，为数字资产提供了一个安全、高效、智能的交易环境	杭州云链趣链数字科技有限公司	为安徽移动搭建符合行业规范和标准的“和链”供应链金融平台，解决贸易信息流通问题
				基于云趣数科的银义链解决方案，为中国建设银行构建建行区块链贸易金融平台，提供高效、便捷的融资服务
			北京神州数码方圆科技有限公司	开发国际卡交易签购单存证链
			上海域乎信息技术有限公司	搭建域乎 Aaas 数字资产服务平台，构建预付式消费卡券业务联盟链
			蚂蚁区块链科技（上海）有限公司	蚂蚁链联合南大尚诚和江苏农业农村厅推出基于区块链的农村产权金融服务平台
			Propy	通过区块链分布式记账、智能合约实现房地产产权登记、房地产借贷、销售流程自动化
			Chain	基于区块链技术创立 Linq 平台，并在 2015 年 12 月 30 日成功完成首笔证券交易，通过区块链去中心化账本技术减少了交易结算时间
			德国电力公司莱茵集团	利用区块链技术为电动汽车创造电子钱包，使得电动汽车的电力收费、停车收费、高速路收费均能自动完成

续表

领域	细分领域	技术特征	公司名称	应用简介
金融资产	数字资产交易	利用区块链可追溯、不可篡改特性，使得数字资产登记信息和交易记录一旦上链便不可篡改，有助于追踪数字资产交易人，为数字资产提供了一个安全、高效、智能的交易环境	MadHive	通过区块链技术解决中间商在广告技术方面的垄断问题，将广告花费与交易信息上链，确保广告商准确跟踪资金的使用情况，防止欺诈行为发生，恢复广告行业透明度
			微观（天津）科技发展有限公司	将区块链应用到具体跨境贸易供应链中，将货物贸易各方数据上链，以实现跨境贸易全流程数字化
	融资	利用区块链智能合约机制，简化融资流程，区块链可追溯性、不可篡改性降低了融资成本	恒丰银行	与江苏省金湖县推出基于区块链的农村土地经营权抵押贷款；与福建省武平县推出林业金融区块链融资平台
			VoloFin	为美国、印度和新加坡投资者及中小企业推出区块链发票融资平台
			Lygon	推出基于区块链的澳大利亚首个行业标准化数字银行担保产品
			浙江省海港集团	首单区块链电子仓单质押融资业务在台州港头门港区成功落地
			大众金融服务公司	在英国推出新的数字化融资服务平台
	保险	利用区块链不可篡改特性解决保险纠纷，利用其可追溯性对保险产品来源进行追溯，利用其智能合约技术减少保险理赔流程	美国保险科技公司GigaForce	推出基于区块链的保险理赔平台

续表

领域	细分领域	技术特征	公司名称	应用简介
金融资产	保险	利用区块链不可篡改特性解决保险纠纷，利用其可追溯性对保险产品来源进行追溯，利用其智能合约技术减少保险理赔流程	欧洲保险公司安联（Allianz）	推出基于区块链的国际汽车保险理赔解决方案
			上海保险交易所	推出全球首创的数字化再保险登记清结算平台
			美国金融科技公司 IntellectEU	推出了基于区块链的防保险欺诈解决方案 ClaimShare
			瑞士去中心化保险服务商 Etherisc 和小额保险发行商 ACRE Africa	为肯尼亚农民提供与气候相关的保险服务
	证券	依靠区块链去中心化、开放性和共享性的特征，有效提高证券产品的登记、发行、交易和资金结算效率，同时保证客户的信息安全	野村证券	基于 Paxos 区块链平台完成美股 T+0 结算
			法国兴业银行	依托 Tezos 公共区块链发行其首个基于区块链的结构化产品
			欧洲投资银行	在以太坊公共区块链平台上实施其首个数字债券发行
	绿色金融	利用区块链的智能合约功能，约束各参与主体行为，保证信息真实性	国际清算银行创新中心与香港金融管理局	推出 Project Genesis 项目，旨在通过对绿色债券进行代币化来鼓励可持续投资

续表

领域	细分领域	技术特征	公司名称	应用简介
金融资产	绿色金融	利用区块链的智能合约功能，约束各参与主体行为，保证信息真实性	新加坡中小企业融资平台 Bluecell 与金融科技公司 Hashstacs	为申请绿色发展融资的客户提供更便捷、成本更低的贷款
			全球 B2B 支付服务商 Nium 与英国绿色金融科技公司 Tred	发行了英国首张绿色借记卡产品
			能源区块链实验室	通过将区块链技术与能源市场深度融合，打造了一款低成本、高可靠的服务于绿色资产的区块链平台，提供便利化的绿色资产登记、管理服务
存证防伪	司法存证	通过区块链密码学技术，保证各节点用户的权限，对电子数据隐私进行保护，利用区块链不可篡改性、可追溯性提高司法联盟的运行效率	江苏省司法厅	实施“区块链+司法鉴定”应用，在全国率先实现司法鉴定案件信息、案件办理步骤信息和鉴定意见书信息等数据上链
			美国西弗吉尼亚州	使用区块链技术进行州内选举，利用区块链分布式特点，可保证选举的匿名性与不可篡改性，防止选举舞弊

续表

领域	细分领域	技术特征	公司名称	应用简介
存证防伪	司法存证	通过区块链密码学技术，保证各节点用户的权限，对电子数据隐私进行保护，利用区块链不可篡改性、可追溯性提高司法联盟的运行效率	深圳法大大网络科技有限公司	基于法大大的诉源治理区块链电子证据固化技术，实现公证处 / 司法鉴定中心通过技术系统在线对客户系统的电子数据进行实时取证并实时出证
	版权保护	利用区块链去中心、不可篡改、分布式共识特性，有效解决版权登记确权、内容追溯溯源等问题	人民在线与微众银行	将区块链技术引入到版权保护中，打造“人民版权”平台，依托区块链加密和链式结构对数字版权内容进行登记、验证和保护，准确记录作品版权管理信息，有助于即时确权
			北京亿生生网络科技有限公司	推出去中心化的数字出版平台“亿书”，利用区块链的加密签名技术实现版权保护，通过新一代加密货币激励用户分享与合作
			美国 Binded 公司	利用区块链技术来保护知识产权，利用开放的数据接口给互联网上已确权的作品进行信息收集与特征码提取，并生成版权 ID，当有新的发布者上传作品时需与全网特征码匹对，只有未超过匹对预定阈值作品才能确定为原创
			德国 Bernstein Technologies GmbH 公司	提供基于比特币区块链的知识产权管理方案

续表

领域	细分领域	技术特征	公司名称	应用简介
存证防伪	版权保护	利用区块链去中心、不可篡改、分布式共识特性，有效解决版权登记确权、内容追溯溯源等问题	美国非盈利组织Open Music Initiative	通过区块链技术将音乐创作人的版权信息上链，以保护音乐家的作品并使其获得应有的报酬
	商业存证	利用区块链共识机制简化存证流程，利用全流程追溯特征保障证据安全	杭州天谷信息科技有限公司	推出区块链电子印章应用平台，实现用印行为真实可追溯
			北京众享比特科技有限公司	推出基于区块链技术的专业存证产品“汇存”区块链电子数据存证平台，为全国各行业客户提供电子数据取证、存证、公证等服务
			蚂蚁区块链科技（上海）有限公司	应用区块链技术实现海量IP上链、链上确权确价、IP链上授权按量付费
			北京百度网讯科技有限公司	推出基于区块链电子签约服务，帮助电商行业、小微企业等将线下签约搬到线上，签署效率高，管理便捷
	追溯防伪	利用区块链可追溯特性、不可篡改特性实现信息的追溯防伪	江苏恒为信息科技有限公司	利用区块链解决疫苗信息溯源问题
			苏州域乎区块链科技有限公司	将区块链溯源特性应用于农业领域，将区块链、人工智能、物联网等技术与农业产业链深度融合，解决农业产业链各环节信息不对称问题

续表

领域	细分领域	技术特征	公司名称	应用简介
存证防伪	追溯防伪	利用区块链可追溯特性、不可篡改特性实现信息的追溯防伪	四川省宜宾五粮液集团有限公司	在2018年与IBM牵手在区块链、云计算、人工智能等领先科技方面进行深入的合作应用
			英国初创公司Provenance	为企业提供供应链溯源服务，将供应链信息上链实现产品信息的追溯与检索，提高产品透明度与真实度
			英国BlockVerify公司	通过将产品上链实现产品真伪验证，目前业务涉及药品、奢侈品、钻石等
			ShipChain公司	利用区块链技术实现货物供应链全程追溯可管理
			沃尔玛	利用区块链技术追踪水果、牛排、蛋糕等食品运输流程，快速有效地找到沙门氏菌暴发的源头，更好地保障了食品安全
			华为云	结合区块链与物联网技术，构建了由生产商、仓储、物流和客户多方合作的协作联盟，将货物生产、销售、物流全流程信息进行上链记录，解决了物流业的信息孤岛问题
			Yojee	依靠区块链技术将货物装载、运输、取件信息上链，通过多方独有签名进行全网验证，实现物流信息真实共享、可追溯，避免错误认领事件发生

续表

领域	细分领域	技术特征	公司名称	应用简介
存证防伪	追溯防伪	利用区块链可追溯特性、不可篡改特性实现信息的追溯防伪	美国打印机制造公司穆格	通过区块链技术将本公司产品在订购、制造、流通、使用、维修、回收等环节信息同步到区块链各个节点，让打印零部件在全生命周期有迹可循，通过区块链可追溯性和不可篡改性及时发现、跟踪和解决问题
			上海信医科技有限公司	基于区块链分布式账本技术，对外共享医疗健康数据，基于区块链非对称密钥技术对通信全过程进行加密，保证了数据安全不可篡改
			北京百度网讯科技有限公司	基于区块链防篡改和可追溯特性，打破线下广告效果统计“黑盒”，将广告播放信息实时上链，做到“端链链接”，消除人为干扰
			丹麦公司马士基和美国IBM公司	共同开发海运供应链区块链平台，该平台将国际供应链中的贸易商、货运代理、内陆运输企业、港口和码头、海关和其他政府机构等集中于分布式数据库中，利用区块链技术保证了各方的数据安全与身份认知，实现货物全程可追溯并简化航运业运作流程
数字政务	党建	利用区块链不可篡改、可追溯特性实现党建管理工作的真实有效	湖南和信安华区块链科技有限公司	将区块链与党建相结合，将党员信息上链，为每个党员进行精准画像，打造个人信用体系，实现党员全生命周期管理

续表

领域	细分领域	技术特征	公司名称	应用简介
数字政务	电子授权	利用区块链不可篡改、可追溯特性实现电子可信授权	杭州趣链科技有限公司	通过区块链记录授权人实名认证、授权操作等完整授权流程，实现不可篡改、可追溯的区块链授权证明，解决了纸质授权流程复杂、真假难辨等问题
	公共监管	利用区块链去中心化、密码学技术实现网络中所有节点公共监管	杭州宇链科技有限公司	依托区块链芯片打造可信大师软硬一体化设备，可实现智能监管。在危废品管理中，可为公安等监管方提供实时危化品的流向，提高监控能力
			北京众享比特科技有限公司	利用区块链创立文广旅安全生产监管平台，并将徐州市所有文广旅事业单位纳入到平台上，利用区块链技术可实现安全生产监管的同步共享、监管过程的可控可追溯及责任明确划分，大大提高了办事效率
	电子证照	利用区块链去中心化同步记账、身份认证、数据加密和不可篡改特性确保电子证照信息可信、可追溯	爱沙尼亚 E-Residency	用区块链技术为公民提供一个值得信赖的欧盟公民身份，来帮助投资者开启和运行全球业务，爱沙尼亚电子政府模式提高了行政效率
	便民服务	利用区块链智能合约技术、分布式存储技术提高了政务运转效率	芬兰 Essentia 公司	与农业生产者和林主联合会开发电子政务，该项目应用区块链技术方便城乡居民查询各种信息，并提高了政府运转效率

续表

领域	细分领域	技术特征	公司名称	应用简介
数字政务	便民服务	利用区块链智能合约技术、分布式存储技术提高了政务运转效率	英国政府科学办公室	将区块链政府建设提升到了国家战略高度，利用区块链分布式账本技术为英国就业和退休保障部创造了安全分发点，并在税收、数字身份、福利发放等环节进行应用
	追踪善款	利用区块链可追溯性追踪善款流向	英国初创公司Disberse	使用区块链技术追踪捐赠善款的流向，降低资金滥用风险，除此之外，Disberse利用区块链技术减少因银行手续费、低汇率和货币价格波动等引发的资金损失问题
数字政务	电子发票	利用区块链共识机制、加密技术简化电子发票业务流程	深圳市腾讯计算机系统有限公司	成立“智税创新实验室”，于2018年8月成功推出了全国首个区块链电子发票系统，实现将“资金流、发票流”二流合一
	精准扶贫	利用区块链可追溯性、不可篡改性特征实现精准扶贫	中国人寿财产保险股份有限公司	采用区块链技术框架实现将所有承保、理赔数据实时上传公链，运用区块链分布式的数据存储特点，实现了保险公司与基金会、公益平台多方共同维护数据，没有任何一方或一个环节能篡改或伪造扶贫数据

续表

领域	细分领域	技术特征	公司名称	应用简介
数据服务	医学数据	利用区块链不可篡改、去中心化特性，将医学数据公开化、透明化、可审查化，打破了医学应用的壁垒，提供大量高质量医学数据，促进医学研究人员更加积极地参与到实践进程中	Essentia公司	Essentia公司通过使用基于区块链的系统存储病人临床相关的所有数据，无论地理位置如何都可以立即访问获取到这些数据，在病人生死攸关的情形下，可通过查阅区块链系统中的医学数据进行有效指导。在该系统中，患者的病历隐私也能得到保护，只有经过授权的人才可以在特定时间段进行访问
			湖北嘉一三维高科股份有限公司	利用大数据、互联网、区块链构建一种基于数字化及三维影像处理的信息交互平台，达到数据、三维影像实时交互，诊疗方案在线交流与审核，产品生产交付全过程监测，服务于医疗机构生产企业和监管部门，以期实现定制式医疗器械医工交互全过程监控，为医工交互提供交互通道和工具

续表

领域	细分领域	技术特征	公司名称	应用简介
数据服务	数据流转	利用区块链的分布式网络实现信息处理去中心化，利用共识机制建立节点间信任，利用非对称加密和冗余分布存储实现信息不可篡改，利用块链式数据结构实现数据信息可溯源，有效加速数据流转	支付宝（杭州）信息技术有限公司	蚂蚁链数据可信协作平台促进数据价值可信流转，基于区块链的共识与隐私保护等技术，为数据提供方、使用方、授权方、监管方提供安全可信的数据共享和流转环境，并提供数据鉴权、追溯、审计等能力，打通数据壁垒，降低数据收集成本，提升数据流转和使用效率，促进政务数据要素市场化
			湖北邮电规划设计有限公司	基于区块链构建的慧链协能平台，对数据资产化进行深度探索，挖掘数据衍生价值，赋能传统生产方式和管理模式，激发数据生产、流通新活力

续表

领域	细分领域	技术特征	公司名称	应用简介
数据服务	人工智能	利用区块链的分布式存储、不可篡改特性，为人工智能系统提供所需的安全性和透明度	传神语联网网络科技股份有限公司	开展基于区块链和人工智能的语言信息链研究及应用，基于区块链和人工智能技术构建语言信息链平台，把语言服务行业的数据、信息、经验智慧、技术成果资产化，并通过区块链建立译员的信用资产和语言资产，形成可信的共享及价值流转体系，打通传统模式行业内部壁垒，并形成云译客、言值录等多款语言区块链应用产品
	生物资源数据	利用区块链不可篡改、可追溯、智能合约特性实现生物资源数据的确权、追溯和交易	北京航空航天大学云南创新研究院	云南省生物资源区块链大数据平台可有效降低全省生物资源创新成本，掌握云南省生物资源创新要素；依据产业发展规律和不同产业主体的个性化需求，按需动态配置资源，实现产业链上下游在线交易和协同；数据库可作为全国植物、动物、微生物、人类遗传资源等生物种质核心资源的备份库，并较好地支撑精准医学研究和临床应用转化

续表

领域	细分领域	技术特征	公司名称	应用简介
数据服务	公共数据	利用区块链的不可篡改性保障公共数据的公开性和安全性，区块链去中心化、共识机制有助于公共数据实现跨空间、跨时间多主体高效协作	中国移动通信集团天津有限公司	为了解决运营商与行业合作过程中的信息安全问题，天津移动构建了一种基于区块链的数据融通智能反诈系统，以区块链赋能联邦学习数据访问机制，结合联盟链防篡改、可追溯的关键特性，将联邦建模的关键参数上链，实现多方合作的可信网络，同时解决中心依赖、单点欺诈的问题，以区块链提升跨行业数据融合中多方安全计算的可信程度
			贵州省公共资源交易中心	贵州省公共资源交易区块链数据共享平台，深化基于区块链的数据共享存证，为行业相关主管部门管理提供完整可信数据支持，完善公共资源交易数据统计分析指标体系，为数据理政、顶层决策提供有力支撑